中共云南省委党校（云南行政学院） 编著

"中国式现代化的故事"丛书

张占斌 总主编

向往之地

中国式现代化的云南故事

中央党校出版社集团
国家行政学院出版社
NATIONAL ACADEMY OF GOVERNANCE PRESS

图书在版编目（CIP）数据

向往之地：中国式现代化的云南故事/中共云南省委党校（云南行政学院）编著. -- 北京：国家行政学院出版社，2024.10

（"中国式现代化的故事"丛书/张占斌主编）

ISBN 978-7-5150-2915-3

Ⅰ.①向… Ⅱ.①中… Ⅲ.①现代化建设－研究－云南 Ⅳ.①D677.4

中国国家版本馆 CIP 数据核字（2024）第110454号

书　　名	向往之地——中国式现代化的云南故事 XIANGWANG ZHIDI——ZHONGGUOSHI XIANDAIHUA DE YUNNAN GUSHI
作　　者	中共云南省委党校（云南行政学院）　编著
统筹策划	胡　敏　刘韫劼　王　莹
责任编辑	王　莹　孔令慧
责任校对	许海利
责任印刷	吴　霞
出版发行	国家行政学院出版社
	（北京市海淀区长春桥路6号　100089）
综 合 办	（010）68928887
发 行 部	（010）68928866
经　　销	新华书店
印　　刷	北京新视觉印刷有限公司
版　　次	2024年10月北京第1版
印　　次	2024年10月北京第1次印刷
开　　本	170毫米×240毫米　16开
印　　张	13.25
字　　数	167千字
定　　价	58.00元

本书如有印装问题，可联系调换。联系电话：（010）68929022

出版说明

党的二十大报告指出，从现在起，中国共产党的中心任务就是团结带领全国各族人民全面建成社会主义现代化强国、实现第二个百年奋斗目标，以中国式现代化全面推进中华民族伟大复兴。习近平总书记在中央党校建校90周年庆祝大会暨2023年春季学期开学典礼上的讲话中首次创造性提出"为党育才、为党献策"的党校初心。紧扣党的中心任务，践行党校初心，中央党校出版集团国家行政学院出版社和中央党校（国家行政学院）中国式现代化研究中心特别策划"中国式现代化的故事"丛书，邀请地方党校（行政学院）、宣传部门、新闻媒体、行业企业等方面共同参与策划和组织编写，从不同层次、不同维度、不同视角讲述中国式现代化的地方故事、企业故事、产业故事，生动展示各个地区、各个领域在大力拓展中国式现代化新征程上的理念创新、实践创新、制度创新、文化创新等，精彩呈现当代中国以中国式现代化全面推进中华民族伟大复兴的宏大历史叙事，以讲好中国式现代化的故事来讲好中国故事。

该丛书力求体现这样几个突出特点：

其一，文风活泼，以白描手法代入鲜活场景。本丛书区别于一般学术论著或理论读物严肃刻板的面孔，以生动鲜活的题材、清新温暖的笔触、富有现场感的表达和丰富精美的图片，将各地方、企业推进中国式现代化建设的理论思考、战略规划、重要举措、实践路径等向读者娓娓道来，使读者在沉浸式的阅读体验中获得共鸣、引发思考、受到启迪。

其二，视野开阔，以小切口反映大主题。丛书中既有历史人文风貌、经济地理特质的纵深概述，也有改革创新举措、转型升级案例的细节剖解，既讲天下事，又讲身边事，以点带面、以小见大，用故事提炼经验，以案例支撑理论，从而兼顾理论厚度、思想深度、实践力度和情感温度。

其三，层次丰富，以一域之光映衬全域风采。丛书有开风气之先的上海气度，也有立开放潮头的南粤之声；有沉稳构筑首都经济圈的京津冀足音，也有聚力谱写东北全面振兴的黑吉辽篇章；有在长江三角洲区域一体化发展中厚积薄发的安徽样板，也有在成渝地区双城经济圈中走深走实的川渝实践；有生态高颜值、发展高质量齐头并进的云南画卷，也有以"数"为笔、逐浪蓝海的贵州答卷；有"强富美高"的南京路径，也有"七个新天堂"的杭州示范……。丛书还将陆续推出各企业、各行业的现代化故事，带读者领略中国式现代化的深厚底蕴、辽阔风光和壮美前景。

"中国式现代化的故事"丛书既是各地方、企业推进中国式现代化建设充满生机活力的形象展示，也是以地方、企业发展缩影印证中国式现代化理论科学性的多维解码。希望本丛书的出版，能够为各地方、企业搭建学习交流平台，将一地一域的现代化建设融入全面建设社会主义现代化国家的大局，步伐一致奋力谱写中国式现代化的历史新篇章。

国家行政学院出版社
"中国式现代化的故事"丛书策划编辑组

总　序

　　党的二十大擘画了全面建成社会主义现代化强国、以中国式现代化全面推进中华民族伟大复兴的宏伟蓝图。中国式现代化是前无古人的开创性事业，是强国建设、民族复兴的康庄大道。回顾过去，中国共产党带领人民艰辛探索、铸就辉煌，用几十年时间走完西方发达国家几百年走过的工业化历程，创造了经济快速发展和社会长期稳定的两大奇迹，实践有力证明了中国式现代化走得通、行得稳；面向未来，在以习近平同志为核心的党中央坚强领导下，各地方各企业立足各自的资源禀赋、区位优势和产业基础、发展规划，精心谋划、奋勇争先，在推进中国式现代化过程中将展现出一系列生动场景，一步一个脚印地把美好蓝图变为现实形态。

　　中国式现代化，是中国共产党领导的社会主义现代化，既有各国现代化的共同特征，又有基于自己国情的中国特色。中国式现代化，是人口规模巨大的现代化，是全体人民共同富裕的现代化，是物质文明和精神文明相协调的现代化，是人与自然和谐共生的现代化，是走和平发展道路的现代化。这五个方面的中国特色，不仅深刻揭示了中国式现代化的科学内涵，也体现在不同地方、企业推进现代化建设可感可知可行的实际成果中。中国式现代化理论为地方、企业现代化的实践探索提供了不竭动力，地方、企业推进中国式现代化建设的成就也印证了中国式现代化道路行稳致远的时代必然。

  为讲好中国式现代化的故事，更加全面、立体、直观地呈现中国式现代化的丰富内涵和万千气象，中央党校（国家行政学院）中国式现代化研究中心和中央党校出版集团国家行政学院出版社联合策划推出"中国式现代化的故事"丛书，展现各地方、企业等在着眼全国大局、立足地方实际、发挥自身优势，推进中国式现代化建设上的新突破新作为新担当，总结贯穿其中的完整准确全面贯彻新发展理念、构建新发展格局、推动高质量发展的新理念新方法新经验。我们希望该系列丛书一本一本的出下去，能够为各地更好推进中国式现代化建设以启迪和思考，为以中国式现代化全面推进中华民族伟大复兴凝聚更加巩固的思想基础，为进一步推进中国式现代化的新实践、书写中国式现代化的新篇章汇聚磅礴力量。

中央党校（国家行政学院）中国式现代化研究中心主任

2023 年 10 月

前　言

现代化是人类文明发展与进步的显著标志，也是近代以来世界各国共同追求的目标。新中国成立特别是改革开放以来，中国仅用几十年的时间就走完了西方发达国家几百年走过的工业化历程，创造了世所罕见的经济快速发展和社会长期稳定的奇迹。习近平总书记深刻指出，读懂中国，关键要读懂中国式现代化。中国式现代化是中国共产党领导全国各族人民在长期探索和实践中走出的强国建设、民族复兴的唯一正确道路，也是中国特色社会主义为人类现代化命题提供的中国智慧。

党的十八大以来，以习近平同志为核心的党中央团结带领全党全国各族人民砥砺前行，在新中国成立特别是改革开放以来长期探索和实践基础上，不断实现理论和实践上的创新突破，成功推进和拓展了中国式现代化。百余年来一代一代的接力推进，使得中国式现代化既赓续了五千多年中华文明积淀的历史底蕴、文化特色，又融合了世势国情、时代精神，始终与时代发展交相辉映。正确认识中国式现代化的顶层设计与实践探索，生动讲好中国式现代化的故事，是当前我国国际传播领域的一项全局性系统性的战略任务。

作为中国式现代化不可或缺的云南篇章，党的十八大以来，习近平总书记两次亲临云南考察指导、三次给云南干部群众回信，对云南工作作出一系列重要指示批示，为中国式现代化的云南实践绘就了美好蓝图。

向往之地

本书选择了习近平总书记两次回信的怒江州贡山县独龙江乡、给边境村老支书们回信的沧源佤族自治县、总书记亲自考察过的腾冲司莫拉佤族村、李强总理调研过的勐腊县会龙村、享誉大江南北的歌曲《婚誓》的诞生地老达保村以及云南第一村大营街村等六个典型区域,通过六个既颇具特色又丰富多彩的现代化探索故事作为代表,展现了云南各族人民牢记嘱托、感恩奋进,以艰苦卓绝的努力、奋楫笃行的定力,投入到把蓝图变成美好现实的实践中,为中国式现代化提供了云南样本,为中国式现代化故事发出了云南声音。

目　录

第一章　人间秘境的千年跨越

一、小康路上一个都不能少 / 2

二、从原始秘境到多彩画卷 / 6

三、幸福不忘共产党 / 23

四、制度创新的样本价值 / 24

五、摆脱贫困的中国方案 / 32

第二章　美丽蝶变会龙人

一、曾经的"掉队人" / 36

二、开荒种胶谋发展 / 45

三、党建引领振兴路 / 50

四、曾经旧貌换新颜 / 59

五、幸福村寨幸福篇 / 61

第三章　民族团结一家亲

一、一把吉他的故事 / 74

二、传奇女子李娜倮 / 77

三、老达保的歌声为何越唱越红火？ / 81

四、边疆地区也能走向现代化 / 85

第四章 阿佤人民幸福歌

一、制度变革开新篇　民族团结展新颜 / 91

二、改革开放育新机　城乡建设换新貌 / 107

三、时代奋进开新局　铺展幸福新画卷 / 113

第五章　向着幸福前行的司莫拉

一、原始而神秘的世外桃源 / 129

二、贫困曾是司莫拉的代名词 / 131

三、佤族古寨的风情画 / 133

四、"木鼓声声"中的幸福节拍 / 143

五、阿佤人民唱新歌 / 152

第六章　共同富裕的振兴密码

一、从"五难村"到"云南第一村"的蜕变 / 164

二、幸福小镇的"领头雁" / 170

三、"五好村党组织"是这样炼成的 / 176

四、润物无声的精神力量 / 180

五、携手走上共同富裕的大道 / 185

第一章

人间秘境的千年跨越

  云南省怒江州贡山县独龙江乡地处中缅、滇藏接合部，区域面积 1994 平方公里，国境线长 97.3 公里。独龙江乡是全国唯一的独龙族聚居区和中华独龙族文化发源荟萃地。独龙族是从原始社会末期直接过渡到社会主义社会的民族。1952 年，在周恩来总理亲切关怀下，根据本民族的意愿，正式定名为"独龙族"。目前独龙族是全国 28 个、云南省 8 个人口较少民族之一，也是 16 个跨境而居的民族之一。

  独龙江乡辖 6 个行政村，下设 41 个村民小组，户籍人口 4439 人，独龙族占总人口的 99%。曾经的独龙江乡，是一个集边境、民族、山区、贫困、落后为一体的封闭半封闭特殊贫困区域，社会发育程度低，经济发展十分落后，是"三区三州"深度贫困地区的典型代表。长期以来，由于地理位置偏僻、生存环境恶劣、自然灾害多发等问题交织，基础设施极其落后，发展能力十分薄弱，贫困程度之深和贫困治理难度之大，世所罕见。

  党的十八大以来，云南省怒江州贡山县独龙江乡党委政府深入贯彻落实习近平总书记重要指示批示精神，深入实施精准扶贫方略和乡村振兴战略，到 2018 年底，独龙江乡贫困发生率下降到 2.63%，实现整族脱贫；到 2020 年底，独龙江乡人均可支配收入超过 10000 元，与全国同步实现了全面小康。千百年来压在独龙族人民头上的贫困大山被彻底挖掉，实现了"一步跨千年"的历史性巨变，兑现了全面小康路上一个民族都不能少的庄严承诺。今天，独龙江乡正昂首迈上社会主义现代化建设的新征程。

向往之地

一、小康路上一个都不能少

1950年的春天,中国人民解放军将最后一户独龙族群众接出岩洞,送来盐巴、粮食和御寒的棉衣等物资,并在驻地巴坡升起独龙江第一面五星红旗。自此,独龙族人民群众开始了建设美好家乡的新生活。几十年来,在党和政府的关怀下,这里的经济社会发展不断取得新的进展。党的十八大以来,习近平总书记对独龙族干部群众"两次回信"和"一次接见",为独龙族整族脱贫、全面小康提供了根本遵循,指引独龙江乡生产生活条件和各项事业继续发生新的变化。

曾经,由于地理位置偏僻,自然条件恶劣、社会发育程度低等原因,经济发展严重滞后,独龙江乡一直是全省乃至全国最偏远、最封闭、最贫困的乡镇之一。直到2009年,全乡农民人均纯收入不足900元,偏僻、贫穷、落后曾经是独龙江的"代名词"。以交通为主的基础设施十分脆弱,县城至独龙江公路,因翻越高黎贡山,每年大雪封山阻断通行长达半年,使独龙江乡几乎与世隔绝。已建成的乡村公路等级低、无养护能力、通畅能力弱,共有12个自然村(350户、1245人)不通公路,31个自然村(896户、3306人)没有通电,通电率仅为29%,31个自然村(789户、1879人)存在饮水困难。全乡没有邮政所和金融服务机构,群众与外界联系渠道少,处于较为封闭状态。各项社会事业建设严重滞后,教育、科技、文化、卫生发展缓慢。师资力量薄弱,独龙族群众受教育程度偏低，独龙族平均受教育年限仅 4.7 年，村文盲率最高的达 33.07%。劳动者缺乏脱贫致富技能，农业科技普及率低，农村医疗卫生条件差，缺医少药现象突出，独龙族整体健康水平与外地差距比较大。

2009 年 10 月 12 日，云南省和上海市合作交流办深入独龙江乡调研考察，并主持召开专题会议，就独龙江乡和独龙族帮扶开发问题进行研究部署。会议强调，独龙江乡和独龙族的发展关系到边疆稳定巩固，关系到我国的国际形象，加快独龙族发展，决不让一个民族掉队，这既是一个经济问题更是一个政治问题。2010 年，云南省委、省政府从省级层面对独龙江乡独龙族启动"整乡推进·整族帮扶"项目，制定了"三年行动"计划和"两年巩固提升"方案，加大对独龙江的扶持力度，力争通过 3 到 5 年时间的努力，使独龙江乡和独龙族经济社会实现跨越式发展、可持续发展。此次共实施了安居温饱、基础设施、产业发展、社会事业、素质提高、生态环境保护与建设六大工程，合计投入资金 13.04 亿多元，使独龙江乡发生了较大的变化。但在 2014 年 10 月之前，独龙江乡每年有半年时间处于大雪封山的境况。为进一步帮助独龙江地区的进步与发展，2014 年以来，在党和国家精准扶贫政策的指引下，独龙江乡迎来了更进一步的大发展，实现了人间秘境的千年跨越。

（一）2014 年："希望你们加快脱贫致富步伐"

2014 年元旦前夕，独龙族干部群众期盼多年的高黎贡山独龙江公路隧道即将贯通，老县长高德荣与独龙族干部群众代表给习近平总书记写信报喜。习近平总书记很快回信，勉励乡亲们"在地方党委和政府的领导下，在社会各界帮助下，以积极向上的心态迎战各种困难，顺应自然规律，科学组织和安排生产生活，加快脱贫致富步伐，早日实现与全国其他兄弟民族一道过上小康生活的美好梦想"。

向往之地

（二）2015 年："全面实现小康，一个民族都不能少"

2015 年 1 月 20 日傍晚，习近平总书记亲切接见了贡山独龙族怒族自治县干部群众代表，这是一次惦记在心、期盼已久的见面。习近平总书记对大家说："独龙族人口不多，也是中华民族大家庭平等的一员，在中华人民共和国、中华民族大家庭之中骄傲地、有尊严地生活着，在中国共产党领导下，同各民族人民一起努力工作，为全面建成小康社会的目标奋斗。"习近平总书记指出，前面的任务还很艰巨，我们要继续发挥我国制度的优越性，继续把工作做好、事情办好。全面实现小康，一个民族都不能少。

（三）2019 年："脱贫只是第一步，更好的日子还在后头"

2019 年 4 月 10 日，习近平总书记回信祝贺独龙族整族脱贫，勉励乡亲们为过上更加幸福美好的生活继续团结奋斗。习近平总书记指出，进入新时代，独龙族摆脱了长期存在的贫困状况。这生动说明，有党的坚强领导，有广大人民群众的团结奋斗，人民追求幸福生活的

梦想一定能够实现。脱贫只是第一步,更好的日子还在后头。希望乡亲们再接再厉、奋发图强,同心协力建设好家乡、守护好边疆,努力创造独龙族更加美好的明天。

彩虹桥飞架独龙江(来源:泸水时讯)

向往之地

二、从原始秘境到多彩画卷

有这样一句顺口溜形容独龙江乡的贫困程度:"看天一条缝,看地一道沟,出门靠溜索,种地像攀岩。"同样,驻村工作队员也形象地用"三疼"来形容独龙江地区的深度贫困:"从河谷看山顶,头疼;从河谷走到山顶,脚疼;去到贫困户家中,看到贫困户深度贫困的状况,心疼。"

(一)曾经的独龙江乡

过去的独龙江乡的确难。

第一,贫困程度世所罕见。一是跨境极边。独龙江乡地处中缅边境,西南毗邻缅甸克钦邦,有115公里边境线;同时,独龙江乡位于滇藏两省接合部。跨境极边的地理位置导致千百年来独龙族几乎与世隔绝。二是直接过渡。新中国成立前夕独龙族处于原始社会,1950年云南解放直接过渡到社会主义社会,是我国11个直过民族之一。三是人口较少。独龙族90%以上人口分布在云南省怒江州,其中大部分聚居在贡山县独龙江乡。2010年第六次全国人口普查结果显示,独龙族总人口为6930人,在28个人口较少民族中人口规模居倒数第4位。四是深度贫困。2014年建档立卡时,独龙族中建档立卡贫困人口为3480人,占独龙族总人口的50.2%,整族贫困发生率高居28个少小民族中的第1位,是28

个人口较少民族平均水平（18.1%）的2.8倍。

第二，自然条件极端恶劣。一是地理格局异常复杂。独龙江地区位于横断山脉腹地和"三江并流"核心区，属于典型的"两山夹一江"（高黎贡山、担当力卡山、独龙江）高山峡谷地理格局。地区最高海拔4969米，最低1200米，高差达3769米，山高谷深，沟壑纵横，形成封闭性极强的地理环境。二是气候条件极端多变。独龙江乡气候条件复杂，年降雨量在2932～4000毫米，是亚洲三大"雨极"之一，每年约有300天为雨雪天气，山顶与江边、山脚的温差较大，加之独龙江地区地质条件复杂，山体滑坡、泥石流等自然灾害频发。三是外人罕至号称"秘境"。过去的独龙江地区外人罕至。独龙族长期保持着刀耕火种、人背马驮、翻雪山、爬天梯、松明点灯、放炮传信、采集渔猎、木楞房等生产生活惯性，成为我国原始生态保存最完整的地区之一，曾经被誉为"最后的秘境"。

第三，基础设施极其落后。一是基础设施建设难。独龙江乡曾经是我国最后一个通公路的少数民族聚居区和最后一个联通通信设施的乡镇。交通、物流、能源、通信网络等基础设施建设成本极高。以交通为例，1965年修通人马驿道，从贡山县城到独龙江乡政府单边行程缩短为7天左右；1999年简易公路通车，这一行程缩短为7个小时左右，虽然告别了人背马驮，但限于翻越大雪山，每年仍有半年时间与外界隔绝。二是公共服务供给难。位置偏远和空间封闭等导致医疗卫生、教育、养老、文化、行政服务等基本公共服务缺失。三是"三高三低"现象突出。曾经的独龙族群众呈现"三高三低"现象，即建设成本高、生产成本高、生活成本高和收入水平低、文化水平低、现代社会融入程度低。

第四，发展能力十分薄弱。一是缺乏市场经济意识。独龙族群众长期以来远离市场经济，导致绝大部分独龙族群众思想上缺乏市场经济意识。二是缺少脱贫致富门路。行动上限于科学文化素质不高、劳动技能偏低，很难通过自身努力找到脱贫致富的门路。内生发展能力的培养需要一个过程。三是生产资料

> 向往之地

较为匮乏。独龙江乡处于"三江并流"核心区，属于限制开发区，境内88.26%的面积纳入高黎贡山国家级自然保护区范围，生态保护任务繁重。全乡耕地面积仅为3045亩，人均仅为0.71亩。

（二）拼搏的独龙江乡

党的十八大以来，汇聚全党全国全社会之力打响精准脱贫攻坚战。聚焦独龙族脱贫攻坚和乡村振兴，主要做了以下工作。

第一，高位统筹，做好顶层规划设计。一是实施专项帮扶行动（2010—2013年）。制定《独龙江帮扶三年行动计划的实施意见》，采取集中力量、整合资源、协同攻坚、整乡推进、整族帮扶的形式，着力实施安居温饱、基础设施、产业发展、社会事业、素质提高、生态环境保护与建设等六大工程。到2012年末，独龙族群众生产生活条件实现了明显改善，基本稳定解决独龙族群众温饱问题。二是实施精准扶贫方略（2014—2018年）。制定《独龙江乡整乡推进独龙族整族帮扶后续发展规划（2015—2020）》与《独龙江乡脱贫摘帽攻坚方案》，主要从六个方面开展精准扶贫工作：摸清建档立卡基本底数，确保扶持对象精准；重点发展特色产业，力求项目安排精准；实施教育、易地扶贫搬迁、发展生产、生态补偿、社会保障兜底"五个一批"，确保措施到户精准；建立健全机制，强化资金整合；注重宣传动员，凝聚整体合力；紧盯责任落实，强化督察督办。到2018年底独龙江乡农村经济总收入达到2859.96万元，居民人均纯收入达到6122元，实现整族脱贫。三是实施乡村振兴战略（2019年至今）。制定《独龙江乡"巩固脱贫成效、实施乡村振兴"行动方案》，推动脱贫攻坚与乡村振兴有机衔接，着力在培育特色产业、建设特色小镇、发展旅游产业、保护生态环境、推动社会事业、推进乡村治理六个方面下功夫，实施生态农业提升、独龙风情小镇创建、旅游产业升级、绿水青山保护、公共服务均衡发展、乡村治理体系建设六大行动。2022年乡信用社存款突破4000万元，机动车存辆达1041辆，85%以上家庭拥有机动车，2022年脱贫人口和监测对象人均纯收入达15926.38元。通过精准落实产业就业帮扶措施，全面消除家庭人均收入1万元以下农户。①

第二，尽锐出战，凝聚各方强大合力。一是坚持党的领导，全面强化政策落地。把准"方向盘"。党的领导贯穿于独龙族脱贫奔小康全过程、全领域，发挥了首要的引领作用。筑牢"桥头堡"。建设坚强有力的党组织体系，提升组织力。2016年以来选优配强19名村组党（总）支部书记，完成35个基层党组织规范化建设，达标率100%。建强"突击队"。突出基层党建与脱贫攻坚"双推进"，创新基层党建品牌模式，抓实农村"领头雁"工程，推进"一村一特色"全乡党建示范全覆盖，全体党员挂村包组，推行"五到一线"工作法，打通政策落实"肠梗阻"，服务好群众的"最后一公里"。二是坚持广泛动员，整合各方帮扶力量。全面加强资金、政策、队伍等综合保障。其一，上海、珠海等地倾力帮扶。2010年起上海市将贡山县特别是独龙族群众列入沪滇合作重要内容，筹资近亿元；珠海市荷包村资助50万元，援建村级卫生室等。其二，国有企业深度参与。南方电网等一大批国有企业援建电力、通信网络等基础设施。其三，社会力量无私奉献。姚基金资助100多万元，援建九年一贯制学校学生宿舍等。云南大学支教团助力当地基础教育。一大批民营企业、商（协）会、热心人士出钱、出智、出力。其四，驻村扶贫工作队员扎根一线艰苦付出。来自四面八方的帮扶干部和驻村工作队员，千里驰援独龙江。三是坚持精准施策，全面下足"绣花"功夫。其一，精准实施安居住房建设。新建安居房1068套，41个自然村实行易地扶贫搬迁集中安置到28个安置点。其二，精准培育特色产业。强化生态环境保护，因地制宜发展优势特色产业，大力发展草果、羊肚菌、重楼

---

① 本部分数据由云南省怒江州统计局提供。

和中华蜂、独龙牛、独龙鸡等种植养殖产业。其三，精准推进基础设施建设。怒江美丽公路全线通车，独龙江乡6个村委会28个安置点全部实现通车、通电、通电话、通5G网络、通广播电视。其四，精准实施社会发展工程。建成乡九年一贯制学校综合楼、教师流转房等教育教学基础设施3栋，幼儿园1所，国门小学1所，乡卫生院医技楼1栋，独龙族博物馆1座，敬老院1所。推进生态补偿就业促脱贫，推进教育促脱贫。[①]

第三，志技双促，提升内生发展动力。一是着力开展思想教育，改变落后观念。开展"听党话、跟党走、感党恩"主题教育活动。开展"没有共产党就没有独龙族的今天"感恩教育和各类政策宣讲200余场，参与群众达万余人次。开展"忆往昔、看今朝、展未来"忆苦思甜教育活动。二是着力强化技能培训，提升就业水平。打好教育脱贫攻坚战。14年免费教育惠及全乡学生，已经走出了数十名本科生及硕博研究生。开展各类技能培训活动。独龙族群众中技术能人、致富达人不断涌现，逐渐培养起一批新型职业农民。提升融入现代社会能力。通过组织集体经济、电商应用、社会文化活动培育现代生产生活观念，网购网销、移动支付已成为独龙族年轻一代的生活日常，培养农户内生发展能力。

（三）沧桑巨变独龙江

在习近平总书记和全党全国各族人民的关心下，独龙

[①] 本部分数据由云南省怒江州统计局提供。

族在 2018 年底实现整族脱贫，全面建成小康社会，兑现了全面小康路上一个民族都不能少的庄严承诺。

第一，从封闭落后到整族脱贫、全面小康。一是奋力实现整族脱贫。闭塞、落后曾经是独龙江地区的标签。通过持续不断的拼搏奋斗，独龙族在 2018 年底

独龙江畔民居（付文敏 摄）

向往之地

实现整族脱贫，"两不愁、三保障"全面实现。2019年5月，独龙江乡启动"巩固脱贫成效、实施乡村振兴"行动，推进巩固拓展脱贫攻坚成果与乡村振兴有效衔接。二是善作善成全面小康。今天，独龙族全面建成小康社会，进而努力把独龙江乡建设成为深度贫困地区乡村振兴的样板。

第二，从外部"输血"到内生"造血"。集体经济日益增强，独龙江乡农村经济总收入由2007年的390万元提高到2014年的1245万元，2018年达到2859.96万元，2020年达到4263.83万元。同时，独龙江乡居民人均可支配收入由2007年的747元提高到2014年的2525元，2018年达到6122元，2022年达到16034万元，90%独龙族群众户均存款超过5万元。[①]

第三，从"原始秘境"到"多彩画卷"。一是基础设施和公共服务短板逐步补齐。2014年4月高黎贡山独龙江隧道全线贯通。2019年底怒江美丽公路全线通车，5G信号通了，基础设施短板逐步补齐。教育、医疗卫生、养老、住房等公共服务大踏步前进。二是乡亲们健康文明的生活习惯正在养成。乡风更加文明，独龙族群众正在绘就一幅幅幸福小康的多彩画卷。三是干部群众建设家乡的精气神空前高涨。"人民楷模""最美奋斗者"高德荣每天坚持进村入户。一大批独龙族青年大学生走出大山，如今他们回流返乡，加入村"两委"班子，立志建设好家乡，接茬奋斗的格局正在形成。

第四，从"人人牵挂"到"人人向往"。独龙族与全国各族人民一道实现全面小康，兑现了全面小康路上一个民族都不能少的庄严承诺，有利于生态保护，有利于民族团结，有利于边疆稳固。今天，独龙江乡干部群众牢记习近平总书记对边疆民族地区的殷殷嘱托，努力建设好美丽家园、维护好民族团结、守护好神圣国土，努力让独龙江乡从"人人牵挂的地方"变成"人人向往的地方"。

---

① 本部分数据由云南省怒江州统计局提供。

（四）草果红日子甜

火红的草果被称为独龙族群众增收致富的"金果果"，是独龙族群众在地方党委和政府带领下将曾经制约发展的自然桎梏变为"绿水青山就是金山银山"生动实践的真实写照。

1. 草果成为最具代表性的产业

寒露是独龙江乡收获草果的时节。金秋的阳光洒在独龙江峡谷，孔当村广袤的山野层林尽染。红彤彤的草果在阳光下泛着金色，映红了一方天空，也映

草果丰收（来源：泸水时讯）

红了农家一张张喜悦的脸庞。每到草果收获的季节，独龙江峡谷总是一片欢声笑语。江畔、路边、田野，处处是堆积的草果，处处是满载草果的货车，处处有幸福的笑容。"三年一轮回，永远种三样，三餐不变样。"这是十几年前，独龙江乡生产生活的真实写照。土地每3年轮种一次，农作物只种玉米、芋头和洋芋，每顿饭几乎是一样的菜。草果的种植改变了这里的耕作方式，丰厚的收入更是丰富了百姓的餐桌，从"三餐不变样"变成了"三餐不重样"。

在漫长的产业发展道路上，独龙江乡经过无数次的多种农产品种植试验，最终根据独龙江特有的气候特征、地形地貌，确定以草果为重点产业，进而挨家挨户动员，通过免费发放果苗、送技到田间地头等方式，以点带面、逐年推广草果种植。孔当村、巴坡村等5个村逐步实现草果种植全覆盖，最终走上草果产业发展之路。截至2022年秋季，独龙江乡已建成生产便道硬化16条、生产索道5条、生产便桥10座，草果提质增效工作全面展开，现代化草果烘干厂已动工兴建。2022年底，累计种植草果8.3万亩，产量2000余吨，产值1500多万元。[①]

2. 特色产业培育成效显著

除了草果，在保护好生态环境的前提下，因地制宜发展特色种植养殖业。羊肚菌、重楼、葛根等特色生态产业成效也开始显现，富民产业遍布山野。2022年推广仿野生灵芝种植50亩，收益成品1.58吨，产值44.2万元，实现分红162户26.5万元（户均达1636元）。2023年新增种植172.5亩，成果喜人。独龙族群众经济来源渠道越来越多，乡村旅游业方兴未艾，成功创建怒江州首个国家4A级旅游景区。2021年，独龙江乡人均可支配收入达到1.5万元，信用社户均存款超过5万元。

---

① 本部分数据由云南省怒江州统计局提供。

（五）路电网络畅通

十几年前，独龙江乡还是一个无路无电的原始穷山乡。从没有一寸公路到大桥大道畅通，从与世隔绝不通水电到"5G+数字化"小镇，独龙江乡正在向现代化加速前进。

1. 从没有一寸公路到大桥大道畅通

长期以来，制约独龙族发展的一直是交通问题，这里地处峡谷，到处是崇山峻岭，悬崖峭壁，出行极为不便。独龙江人马驿道始建于1956年，起点位于县城驻地丹打至独龙江乡政府所在地巴坡，全长65公里，因工程艰巨，直到1964年才全线竣工。自此，独龙江乡有了第一条人马驿道，马帮运输开始在独龙江兴起。那时，人们徒步去一趟县里，往返需要十几天时间。一个村寨到另一个村寨之间，常常是"隔山听着走，走到要几天"。人们出山爬天梯，过江靠溜索，出门走独木，上学渡"天桥"。这些木桥和溜索都十分危险，一旦失足，随时都会掉下悬崖或坠入江中。1999年在国家的大力支持下通往贡山县城的独龙江公路得以贯通，独龙族人民结束了千年不通公路的历史，同时也让回荡了半个多世纪的丁丁当当声彻底消失在了历史的舞台，最后的马帮留下的故事也逐渐尘封于岁月的长河中。尽管如此，交通仍不够便利。独龙江公路高黎贡山黑普隧道海拔3200米，每年大雪封山期间，隧道两端各12公里的公路会被大雪盖得严严实实，当地人依然面临着长达半年的出行问题。2014年1月，在获悉独龙江公路高黎贡山隧道即将贯通时，习近平总书记亲切致信祝贺，给了怒江各族干部群众和全州交通运输系统干部职工极大的鼓舞。从独龙江乡到贡山县城的车程缩短到两小时，结束了独龙族群众半年大雪封山无法出行的历史。从此，源源不断的物资、技术和人才通过这条隧道进入独龙江乡，为当地发展

向往之地

中国移动为独龙江乡带来5G网络（付文敏 摄）

注入新的活力。今天，怒江美丽公路成为大峡谷一道亮丽的风景线。

2. 从放炮传信到5G时代

2004年独龙江乡有了第一部电话。在此之前，村里通知开会，甚至要靠放炮传信，一声炮代表一般会议，两声炮则代表紧急会议。当时全乡只有一个基站，很多村都收不到信号，有电话的人更是寥寥无几。在偏远的大山深处修建5G基站非常不易。2019年这里成为云南第一个开通5G网络的乡镇。2022年初，中国移动100套"云桌面"系统运达贡山县城，落户独龙江乡中心学校。有了这套系统，学校可以通过教学管控平台实现集中管理，还能对学生进行人机交互测试。别看独龙江乡地处偏远，拥有"云"这个新鲜事物却不是第一次了。2021年，全乡各村各寨安装了200多个"平安乡村"摄像头，摄像头与云南移动"云监控"平台连接，工作人员可以在高清大屏上实时查看村里的情况，避免紧急情况发生；远在外地工作的村民，也可以通过手机App，随时了解家中老人和孩子的情况。在独龙江群众眼中，只有中国共产党会做这样有益于人民的事。信息高速公路的畅通让这个昔日最晚进入现代社会的民族率先进入了5G时代，"互联网+教育""互联网+医疗""互联网+电商"等在独龙江乡纷纷落地，带动了当地的发展。2022年5月11日，南方电网独龙江乡35千伏联网工程正式投入运行，彻底结束了独龙江地区孤网运行的时代。

（六）带领致富的"老县长"

独龙族整族脱贫、全面小康的进程中充满着无数地方干部的艰辛付出。"人民楷模"高德荣就是最具代表性的一位。独龙族发展进步的历程，始终镌刻着"老县长"高德荣深深的足迹。高德荣毕生为独龙族不掉队、不落伍而不懈奋斗。他一生工作在祖国最边远、最艰苦的边疆民族地区，过着简单又平凡的生活，但他一生执着的事业和成就不平凡。

高德荣是云南省贡山县独龙江乡土生土长的独龙族人，是永远保持中国共产党人奋斗精神的优秀代表。2014年12月29日，中宣部授予高德荣"时代楷模"荣誉称号。2015年1月20日，习近平总书记在会见贡山独龙族怒族自治县干部群众代表时，给予高德荣高度评价，称赞高德荣是时代楷模，不仅是独龙族的带头人，也是全国的一面旗帜。2015年初，中组部授予高德荣"全国优秀共产党员"称号。2019年9月，在新中国成立70周年前夕，高德荣被授予"人民楷模"国家荣誉称号。此外，高德荣还荣获"民族团结进步模范""第三届全国少

向往之地

数民族团结进步模范""全国敬业奉献道德模范""全国脱贫攻坚贡献奖""中国侨界杰出人物""最美奋斗者"等荣誉。

高德荣一生扎根边疆，一心为公、一心为民，踏实做人、无私做事，不徇私情、不谋私利，把个人的人生追求融入到党和人民事业中，融入到边疆各族人民共同梦想的生动实践中，展示了一个心中有党不忘恩、心中有民不忘本、心中有责不懈怠、心中有戒不妄为的优秀民族干部形象。

高德荣儿时的梦想与所有大山里的孩子的梦想一样，就是走出大山。几番寒窗苦读后，他终于跳出了农门，当上了干部。他成了乡亲们的骄傲、同伴们羡慕的"宠儿"。读书期间，乡亲们的贫困总让这位土生土长的独龙族青年放心不下。1979 年，他回到了那一方养育自己的土地上，成了一名小学教师。高德荣深知，只有知识才能改变族人的命运，他立志要改变整个民族集体为文盲的历史和现状。当时的家乡依然那么穷，孩子依旧那样苦，连温饱都是个问题。他既当老师又做保姆，很多人都为他放弃大好的前程而惋惜，他说："我受党的培养，读了书、明了理，独龙江需要我，所以我就回来了。"他说得那么干脆，做得那么漂亮。

2006 年，高德荣升任怒江州人大常委会副主任，本可以搬到州府工作，过上颐养天年的生活，然而离别时，独龙族群众向往美好生活和依依不舍的眼神刺痛了他，使他再一次做出了人生的重大选择。到州府上班的第一天，他就把办公室钥匙交了出来，申请调回独龙江，他说："独龙族同胞还没脱贫，让我把办公室搬到独龙江去，帮一帮他们吧！"就这样，这个充满勇气和激情的老共产党员，这个一心为民的百姓的领路人，又回到了他一辈子割舍不了的生养他的土地上。家乡的山山水水都留下他奔走的足迹。如果说高德荣第一次回乡是热血青年的感性选择，那么第二次回乡必然是一名共产党员理性的抉择。

高德荣说："独龙族同胞还没有脱贫，独龙族是祖国五十六朵花中的一朵，再不加快脚步同其他民族一道赶上小康生活，那就是给祖国抹黑。"他常常为家乡交通基础设施建设上下呼吁，为独龙族的"口袋"和"脑袋"问题四方奔走，为独龙江教育发展、环境保护和产业发展操碎了心。

高德荣曾当选过各级人大代表，每年他都要在各级人代会上提出促进独龙江、贡山、怒江峡谷发展的议案和建议，为独龙江乡、为贡山县乃至怒江经济社会发展争取项目、资金和智力支持。他始终放不下的是那份对民族、对群众的深厚感情，放不下自己作为独龙族干部那份沉甸甸的责任。

高德荣曾经说："我有两大梦想：一是修一条出独龙江的公路，打破与外界的隔绝；二是发展一个产业，让独龙族群众尽快富裕起来，在全面建成小康社会进程中不掉队、不落伍。"为了实现梦想，高德荣夙兴夜寐、殚精竭虑。高德荣的"办公室"就在寨子里、火塘边、工地上、草果地里。

独龙族对路的渴望程度可能超过其他所有民族。直至20世纪90年代中期，独龙江仍没有一寸公路，独龙族依然是中国唯一不通公路的民族。每年大雪封山半年期间，独龙江就成为一个与世隔绝的"世外桃源"。高德荣为了"挂"在悬崖上的"天路"费尽了心、跑断了腿。为了这条"天路"，他总是"厚着脸皮壮着胆"上省城、进北京，多方呼吁筹措资金。2003年，在全国人民代表大会上，高德荣斗胆向温家宝总理"要路"："总理，我来自独龙江，请您给我们修两条路，请来独龙寨做客。"高德荣的临时"要路"动议，引起了国家的高度关注。1999年9月9日，独龙江公（土）路全线贯通，独龙江人背马驮的历史宣告结束。2014年4月11日，高黎贡山独龙江隧道全线贯通，独龙族人民从此告别半年大雪封山的历史。

高德荣说："没有产业，独龙族还会返贫。"在独龙江边有一处院落，距乡政府有三四公里，一排七八间屋的房子，院子里养着鱼、猪，种了些菜。这就是他的"基地"。他就在这里试验种植草果，手把手教村民一起种。只要乡亲们活计不忙，只要自己手上有了余钱，他就自掏腰包宰猪、杀鸡，召唤群众来基地培训。摸索多年，他带领大家发展适合当地发展的草果、重楼、花椒、独龙

向往之地

蜂、独龙牛、独龙鸡等致富产业，终于让老百姓的日子好起来了。现今，独龙江乡草果飘香。草果产业的发展，是高德荣心血的结晶。

"老县长"高德荣还对独龙族的教育十分重视。他常说，教师就是独龙族的"宝贝"。2012年，当时全国搞义务教育集中办学，迪正当、马裤、谢九当、龙源几个校点撤并，学生集中到乡上上学，初中学生则到县上就学。大雪封山，初中学生放假就回不来。村组的孩子到集中办学点，雨季路上安全得不到保障，一下子流失了上百名学生。这个状况是"一刀切"落实政策的结果。高德荣让有关干部迅速收集、整理文字材料，及时向县上报告，最终恢复了部分校点和初中教学。事关长远发展的事，全装在高德荣的脑子里，每一个重大事项，他都会仔细研究政策，置于大局思考，再贯通到乡情民情里头确定发展方向。

高德荣为官一任造福一方。他卸任县长职务后人们尊称他为"老县长"，他也乐意接受这个称呼。"独龙江乡取得的每一点发展进步，都离不开党中央、国务院和各级党委、政府无微不至的关怀，离不开各级领导、社会各界的指导帮助。"说起独龙江乡今天的巨变，"老县长"高德荣很少提及自己的功劳。他常说："党和国家对我们独龙族帮扶了很多，我们要努力把贫困的帽子摘掉，要赶上其他民族，到2020年同全国其他兄弟民族一道步入小康！"高德荣退而不休，他不顾年已花甲，继续驻扎在独龙江河谷，跑工地、进农家，争分夺秒、竭尽全力奔忙在独龙江乡村振兴的各项工作中。他脚踏实地、敬业为民，他不怕困难、永不服输，常怀一股子干劲、一股子闯劲、一股子韧劲，把群众盼了多少年的政策和项目，一件一件落实好、维护好、发展好，实现好人民群众的根本利益。

"脱贫只是第一步，更好的日子还在后头"，高德荣牢记习近平总书记的殷殷嘱托。如何让独龙族群众过上"更好的日子"，如何巩固拓展脱贫攻坚成果和乡村振兴，他一直在思考、一直在谋划、一直在行动。

2020年"5·25"独龙江乡泥石流灾害期间，接近70岁的高德荣，每天都很早就出现在救险现场，连续20多天和年轻人干在一起，直到把滞留的300多名游客安全送出去。2022年独龙江又遭遇泥石流,通往马库村的路中断了,高德荣依旧亲临一线指挥,架起了一根长达20多米的临时索道,将马库村村民所需要的米、油等生活物资输送过去。无论独龙江哪里发生自然灾害,老百姓们都不慌乱,因为他们知道,有高德荣在,他们就安心。

高德荣一生过度操劳,落下了一身病,现在身体状况越来越差,药不离身。高德荣多次坦露他的焦急:独龙江后续产业"多条腿走"问题,独龙族孩子教育和民族素质提升问题,旅游发展如何起步,乡村振兴能不能干好,等等。这些问题无不与独龙族发展进步息息相关,身体每况愈下的他很着急。高德荣有很多梦想,而他所有的梦想都与独龙族人民的幸福紧紧连在一起。

不忘党恩坚定跟党走。高德荣在一首歌里写道:"丁香花儿开,满山牛羊壮,独龙腊卡的日子,比蜜甜来比花香;高黎贡山高,独龙江水长,共产党的恩情,比山高来比水长。"他发自肺腑地感恩党、感恩祖国、感恩人民的真挚情怀,让人感慨和感动。

高德荣的人格品性十分鲜明,在波澜壮阔的社会实践中,他像一朵潮头舞动的浪花,鲜艳于一个特定的历史洪流。高德荣曾经说过:"不爱国的人说爱家乡等于屁话,不爱家乡的人说爱国也是屁话。连自己民族和家乡都不热爱,还谈什么热爱国家。"说话、做事,高德荣坦坦荡荡。独龙族人生性耿直,崇尚善良,说实话,干实事,哪怕再小的事都不违背良心,都不会虚情假意,都不会拐弯抹角,这是流淌在高德荣血脉里的独龙族文化基因,同共产党人胸怀坦荡、光明磊落的精神特质一脉相通。

(七)书写筑梦故事的新青年

李思媛是云南的一名大学生,是中国青年志愿者扶贫接力计划第21届研究生支教团成员、云南大学赴独龙江乡研究生支教团队长。她曾经连续5年走遍

向往之地

独龙江乡，荣获"强国青年""中国大学生自强之星""云南省优秀大学生"等荣誉称号。2023年初，由共青团中央宣传部、中央网信办网络社会工作局联合主办，中国青少年新媒体协会承办的第六届"中国青年好网民"优秀故事征集活动落下帷幕，云南大学支教青年李思媛的故事从全国各地7.1万个故事中脱颖而出，入选优秀故事。

李思媛是一名从怒江峡谷走出来的怒族姑娘，从小在怒江峡谷长大的她，更加懂得要把个人理想同祖国前途、民族未来结合在一起。所以她本科毕业后便加入研究生支教团，选择回到家乡，回到独龙江，回到这片她深爱的土地。李思媛所在支教团开设了"梦想课堂"课外主题讲座，开设美术、舞蹈、拳击、扎染等兴趣小组，培养学生全面发展。为减轻学生求学负担、激励学生学习，支教团还设立了"云大筑梦奖学金"，开展"云大筑梦"游学计划，带领孩子们走出大山，看看独龙江以外的世界，将走出大山的梦想在独龙江传递下去。现在，当李思媛问孩子们"你们的梦想是什么？"孩子们说：当一名老师，成为医生，做一名航天员……李思媛在孩子们日渐明亮的眼神里找到了支教的意义，她自豪地和朋友们说："我的青春是一句'老师好'"。

连续5年深入独龙江乡，李思媛用双脚丈量祖国边境线，走遍独龙江6个村落18个小组，不放弃每一位独龙族学生。她在科研学习中厚植家国情怀，将学问扎根于中华大地。她在志愿服务中传递青春正能量，她愿意称自己是"用青春写故事的人"。

三、幸福不忘共产党

"公路通到独龙江,公路弯弯绕雪山,汽车进来喜洋洋……党的政策就是好,幸福不忘共产党!"会议室内歌声越来越响。这首歌叫《幸福不忘共产党》,是贡山独龙族怒族自治县独龙江乡巴坡村村民高礼生根据家乡日新月异的变化而创作的。这首歌唱出了乡亲们永远感党恩、永远跟党走、永远听党话的决心和信心,唱出了独龙江干部群众的心声。独龙江峡谷间,悦耳的歌声久久回响……

这首歌是全乡 6 个村委会每周三开展感恩活动的保留节目。独龙江乡党委、政府常态化开展"学回信、感党恩、听党话、跟党走"和"民族团结进步"主题教育活动。独龙江乡坚决贯彻落实习近平总书记关于民族团结进步的重要论述,切实推进民族团结进步示范乡镇创建工作,加快发展,促进各族群众共同富裕,凝聚起团结奋斗、共同繁荣发展的磅礴力量,推动民族团结进步事业取得了新的历史性成就。

高礼生自己作词自己谱曲的《幸福不忘共产党》,灵感主要来源于收草果时看到家家户户草果增收,看到老百姓的笑容,还有家乡的巨变,想通过这首歌来歌唱党的恩情。"公路通到独龙江,公路弯弯绕雪山,汽车进来喜洋洋,独龙人民笑开颜,阿哟啦哟哟哟,阿哟啦哟哟哟,党的政策就是好,幸福不忘共产党……"高礼生和孩子们用欢快的独龙语唱出了对更好的日子的信心。这首歌也将永远在独龙江畔不断传唱。

四、制度创新的样本价值

（一）汇聚各方合力

独龙族整族脱贫、全面小康、同步迈向中国式现代化新征程，充分证明了党的全面领导和社会主义制度优势。

独龙族整族脱贫、全面小康离不开习近平总书记、党中央和国务院的亲切关怀，是汇聚各方力量形成强大合力的结果。

1. 地方党委、政府

以独龙江乡党委、政府工作人员组织的"三个队""两个一""一周三活动"等活动为例，来看对独龙族群众的带动。

"三个队"。党员志愿服务队主要负责志愿服务活动，开展救灾救援和生产自救；护村队主要负责村内日常治安巡逻，维护邻里和谐、排查地质灾害隐患、监督环境卫生保洁；文体队主要负责政策宣传、文艺和体育活动组织等。

"两个一"。第一个"一"是利用村内"小广场、大喇叭"，每日播放新闻联播，使群众第一时间了解党和国家政策。第二个"一"是每周一举行一次升旗仪式，村里会提前通知村民小组长或党员做准备，在升国旗仪式后轮流给大家讲话。

"一周三活动"。周一开展"天蓝地绿水清人美"环境卫生日,"每日一晒"成为品牌;周三开展"幸福不忘共产党"讲习活动日,独龙江乡现有乡级讲习所一个、村级讲习所6个、组级讲习所26个;周五开展"走出火塘到广场"文体活动日。

2. 东西部协作、国有企业、社会力量等

以上海和珠海等东部地区,南方电网、中国移动、中国电信等国有企业,云南大学峡谷支教团等为例,来看对独龙族的帮助。

第一,"江海"情深协作帮扶。怒江与上海、怒江与珠海,跨越千里,携手战贫,住房保障成为示范样板,产业合作纵深推进,劳务协作精准对接,走出了一条"江海"情深的东西部扶贫协作特色之路。

第二,国有企业保障基础设施。通电、通网、通高速,离不开东部地区、国有企业和社会各方力量的支持。2010年南方电网走进独龙江乡,2012年实现户户通电。中国移动以"互联网+"打开特色产品销路,让传统文化艺术与现代文明保持"时空对话"。

第三,峡谷支教团播种梦想种子。云南大学峡谷支教团扎根独龙江大峡谷,把梦想洒在了一个个独龙江乡的孩子们身上。李思媛说:"我不愿意做祖国和民族的陌生人,我希望能打开一扇窗,让更多的人了解独龙江,了解祖国边疆。"李思媛用青春见证了独龙族群众全面小康的幸福。

3. 驻村工作队

下面从驻村工作队视角,分享由脱贫攻坚驻村工作队员到乡村振兴驻村工作队员身份转变的经历。

第一,思想引领,党的政策传万家。通过思想引领,使扶贫政策得到有效落实。每周一早上8点左右,马库村村民聚集在干净整洁的广场上,国旗升起

向往之地

后，驻村工作队讲解最新的政策等。

第二，激发动力，精神面貌大改变。驻村工作队从2018年开始组织"七一"建党文艺汇演，带领村民到村活动广场排练节目。2019年巴坡村集体经济项目养鸡场投入建设，为节省成本村里发出通知让大家有空来帮忙编竹栅栏，现场很快挤满了人来帮忙。

第三，以身示范，产业帮致富。草果是"老县长"高德荣最早带大家种的，驻村工作队也带头示范，在全乡推广草果种植。进入乡村振兴阶段，驻村工作队不仅要为乡亲们找到"短、平、快、稳"的致富项目，而且把党的产业政策传达好、落实好。

第四，吸引人才，储备新力量。吸纳优秀村民加入基层党组织，充实党员干部队伍。在驻村工作队宣传带动下，独龙江乡群众特别是90后、95后积极申请入党的人越来越多。

独龙族民居（付文敏 摄）

4. 独龙族群众

下面从独龙族群众视角，分享生产生活的巨大变化，表达对习近平总书记和中国共产党的感恩之心。

第一，忆往昔，贫穷落后。千百年来，独龙族群众生活在原始森林中，住的是简陋破旧的茅草屋，过江靠溜索，出山攀天梯，过着刀耕火种的日子，每年有半年时间大雪封山、与世隔绝。

第二，看今朝，幸福小康。今天，独龙族群众住上了干净漂亮、安全稳固的安居房，有了增收致富的产业，看上了电视，用上了智能手机，学会了很多现代的生产生活技能，生产生活条件"一步登天"，过上了幸福美满的日子。

第三，展未来，感恩奋进。独龙族群众深知勤劳才能致富，幸福生活要靠双手去奋斗。独龙族孩子都在积极接受教育，老百姓都积极参加各种技能培训活动。独龙族群众传唱的《幸福不忘共产党》表达了独龙族人民对党的感恩之心。

（二）实证制度优势

中国作为世界上最大的发展中国家，长期以来受到贫困以及由贫困所引发的其他方面问题的困扰。党的十八大以来，在以习近平同志为核心的党中央坚强领导下，中国有效采取了精准扶贫方略，组织实施了精准脱贫攻坚战。2021年7月1日，习近平总书记代表党和人民庄严宣告，经过全党全国各族人民持续奋斗，我们实现了第一个百年奋斗目标，在中华大地上全面建成了小康社会，历史性地解决了绝对贫困问题。独龙族整族脱贫、全面小康是中国减贫事业的生动样本，充分彰显了中国特色社会主义制度的优越性。独龙江乡"一步跨千年"的历史性巨变，是中国脱贫攻坚实践的重要组成部分，是充分彰显铸牢中华民族共同体意识、奋力实现全体人民共同富裕的中国特色社会主义制度优越性的典型案例，是中国减贫史、中华民族发展史乃至人类减贫史上具有里程碑意义的示范样本，充分彰显了中国贫困治理的制度优势及理论创新。

1. 经验总结：坚持以人民为中心的发展思想和发挥社会主义制度集中力量办大事优势的集中体现

中国贫困治理建立在党的全面领导和中国特色社会主义制度集中力量办大事优势之上，通过高效的组织动员能力实现扶贫开发政策的预期成效，党中央和国务院高位统筹谋划，地方各级政府、不同行业部门深度实施，社会力量广泛参与，通过有效提升贫困群众摆脱贫困的志气、智慧和能力，形成最大合力攻克绝对贫困难题。独龙族整族脱贫、全面小康充分证明了党的全面领导和社会主义制度集中力量办大事的优势。

第一，坚持党的全面领导。独龙族整族脱贫、全面小康充分体现了中国共产党始终把人民放在心中最高位置，始终坚守为人民谋幸福、为民族谋复兴的初心使命。党的十八大以来，习近平总书记亲自挂帅出征、高位推动，把脱贫攻坚作为治国理政的重要内容，制定精准扶贫方略。习近平总书记对独龙族干部群众的"一次会见、两次回信"，为打赢精准脱贫攻坚战提供了根本遵循和行动指南。在党中央和国务院的关心下，独龙江地区脱贫攻坚形成了省市县乡村五级书记一起抓的工作格局，展现了国家统筹、省负总责、市县乡村抓落实的管理机制，层层压实脱贫攻坚责任。充分发挥村寨党组织在脱贫攻坚中的战斗堡垒作用，围绕扶贫抓党建，抓好党建促扶贫。

第二，集中力量办大事。对口支援和东西部协作，是推动区域协调发展、共同发展的重大战略，是实现先富帮后富、最终实现共同富裕目标的重大举措。上海、珠海等地倾力帮扶独龙江乡建设基础设施、改善公共服务、组织劳务输出。南方电网、中国移动、中国电信、三峡集团等央企和地方国有企业援建了一大批民生保障项目。云南省、怒江州各级党委、政府及有关部门实行对口支援。这一帮扶支援体系内生于中国特色社会主义政治和制度优势，实现了人才、产业、民生、基础设施等多层次、全领域、广覆盖的支援模式，为独龙族干部群众决战决胜精准脱贫、全面小康注入了新能量。

第三，坚持最广泛的社会动员。独龙族整族脱贫、全面小康进程中形成了党政主导、行业协同、社会参与、群众主体的大扶贫格局，为决战决胜精准脱贫、全面小康凝聚了巨大的合力。各级党委、政府将脱贫攻坚作为头号工程，引导各种要素资源向独龙江地区聚集；动员市场、社会力量广泛参与，一大批民营企业、高校、医疗卫生机构等积极参与进来，支援当地民生事业，为当地农产品和手工艺品打开销路；选优配强驻村第一书记和工作队员，为决战决胜精准脱贫、全面小康"最后一公里"保驾护航。总体而言，党政主导为社会扶贫奠定了坚实基础，广泛动员为社会扶贫提供了强大动力，形成了独龙族整族脱贫、全面小康的良性发展格局，并且这种社会动员机制和格局仍将继续发挥重大作用。

独龙族博物馆（付文敏 摄）

第四，激发内生发展动力。独龙族整族脱贫、全面小康进程中注重发挥独龙族群众的主体作用，向独龙族群众赋能赋权，运用市场机制的效率和优势，通过有效的利益分配机制调动群众积极性。在独龙江形成了以"老县长"高德荣为代表的党员干部"说给群众千百遍，不如带着干一遍"的工作作风，形成了群众"要我脱贫到我要脱贫"和"要我富到我要富"的思想转变，凝聚起了独龙族广大干部群众摆脱绝对贫困、实现全面小康的志向动力，发挥贫困群众主体作用，把脱贫致富的强烈愿望和奋斗激情有效转化为建设富裕美好家园的强大动力。

2. 样本价值：彰显精准扶贫的理论创新

独龙族整族脱贫、全面小康的案例是以中国之制实现中国之治的有力例证，也是社会主义集中力量办大事优势的一个鲜活样本，对于深入把握中国贫困治理理论创新具有十分重要的意义。同时，也可以为全球贫困治理贡献中国经验、中国智慧和中国方案，通过独龙族案例更好地展示中国脱贫攻坚的新方法、新途径、新手段。

第一，充分证明了习近平新时代中国特色社会主义思想的真理力量。独龙族整族脱贫、全面小康充分证明了习近平总书记关于扶贫工作的重要论述的科学性，开创了马克思主义反贫困理论中国化新境界，充分彰显了习近平新时代中国特色社会主义思想的强大真理力量和独特思想魅力。尤其是习近平总书记关于扶贫工作的重要论述源于马克思主义反贫困理论，源于中华民族数千年的发展经验和智慧总结，是对中国共产党历代领导人关于贫困的治理思想在新时代的继承和发展，其科学内涵在于：坚持党的集中统一领导是政治组织保证；坚持以人民为中心的发展思想是根本方向；坚持发挥社会主义集中力量办大事政治优势是制度支撑；坚持精准扶贫方略是路径选择；坚持发挥贫困群众主体作用和内生动力是动力源泉；坚持全社会关注投身扶贫开发是合力基础。可以说，习近平总书记关于扶贫工作的重要论述指引中国脱贫攻坚取得举世瞩目成就，极大丰富发展了中国贫困治理理论。

第二，丰富和发展了中国特色社会主义理论体系。 独龙族整族脱贫、全面小康是生产力与生产关系千年跨越的有力例证。新中国成立以前，独龙族长期处于原始社会末期，生产力水平极端低下，生产关系进展缓慢；新中国成立后，独龙族由原始社会"直过"到社会主义社会，属于生产关系层面的千年跨越。中华人民共和国成立 70 多年来，独龙族生产力一步一步发展到整族脱贫、全面小康，属于生产力层面的千年跨越。独龙族整族脱贫、全面小康标志着真正实现了生产力与生产关系的匹配。可见，以独龙族整族脱贫、全面小康为例证，标志着开创了中国特色社会主义道路，将落后国家社会主义道路的理论和实践推进到了更高阶段和新的高度，习近平新时代中国特色社会主义思想继承和发展了中国特色社会主义理论体系。

第三，引领着相对贫困治理机制的转型和拓新。 独龙族整族脱贫、全面小康后，进入后精准扶贫时代，需要贫困治理理论和政策的转型和拓新，如何实现巩固拓展脱贫攻坚成果同乡村振兴有效衔接，如何解决相对贫困和精神文明建设进而实现共同富裕等，习近平新时代中国特色社会主义思想也在回答时代之问中不断丰富和发展。就相对贫困治理机制的转型和拓新而言，需要推进绝对贫困向相对贫困、一维贫困向多维贫困、生存性贫困向发展性贫困、收入型贫困向消费型贫困、原发性贫困向次生性贫困、农村贫困向城市贫困治理转型和拓新，贫困治理创新的重点在于打造政党、政府和社会协同共振的贫困治理共同体。乡村振兴、共同富裕、现代化对贫困治理提出了更加明确的发展目标。

向往之地

五、摆脱贫困的中国方案

贫困以及由贫困所引发的一系列世界性难题,深刻影响着世界的和平与发展,深刻影响着人类对美好生活向往的不懈追求。减贫是全体人类接续奋斗的目标和理想,是各国政府面临的共同使命。

第一,为人类减贫事业贡献中国方案。展示了共建人类命运共同体的美好愿景。独龙族整族脱贫、全面小康是中国减贫事业的生动样本,是铸牢中华民族共同体意识的典范案例,也是展示共建人类命运共同体的前沿窗口。独龙族整族脱贫、全面小康的实践表明,越是"坚中之最坚、难中之最难",精准扶贫方略就越具有生命力和可持续性。中国人口约占世界总人口的五分之一,中国全面消除绝对贫困,提前10年达成《联合国2030年可持续发展议程》预期的减贫目标,在中华大地上全面建成了小康社会,中华民族共同体更加牢固,为实现中华民族伟大复兴提供了快速发展的物质条件;同时,也为全球减贫事业发展贡献了中国力量,对全球减贫的贡献率超过七成,展现了全球贫困治理中的中国担当。作为一个负责任的发展中大国,中国通过与世界各国加强友好往来以及其他途径积极参加全球贫困治理。中国以多种途径向世界介绍中国减贫进展和减贫经验,主动加强与发展中国家和国际组织的减贫交流,倡议共建"一带一路",设立亚洲基础设施投资银行、丝路基金等,加大对发展中国家和"一带一路"国家的基础设施建设、资源开发、产能合作、资金合作,设立南南合作援助基金，为部分发展中国家减免债务、提供援助、培育医疗卫生人才等，为人类命运共同体建设贡献了中国智慧和中国方案。

第二，探索了人类减贫事业的新路径。 当今世界正经历百年未有之大变局，发展赤字和贫困问题是人类面临的最为艰巨的挑战，消除贫困、推动发展是人类发展的共同目标。以独龙族整族脱贫、全面小康为例证，中国贫困治理经受住了实践检验，摸索出了一定的扶贫开发规律，特别是创造性地提出了适合中国国情的精准扶贫方略，解决了"扶持谁""谁来扶""怎么扶""如何退""如何稳"五个关键性环节，保障了中国取得脱贫攻坚的全面胜利。2018年12月，第73届联合国大会通过的决议草案《消除农村贫困 落实2030年可持续发展议程》明确提出，实现2030年可持续发展目标应借鉴中国农村扶贫脱贫的成熟经验。这标志着经过中国扶贫开发实践检验的精准扶贫方略是一套具有可行性且具有全球可借鉴性的农村贫困解决方案，对世界上其他国家的农村贫困治理具有参考意义，拓展了人类反贫困思路，为人类减贫提供了新路径。

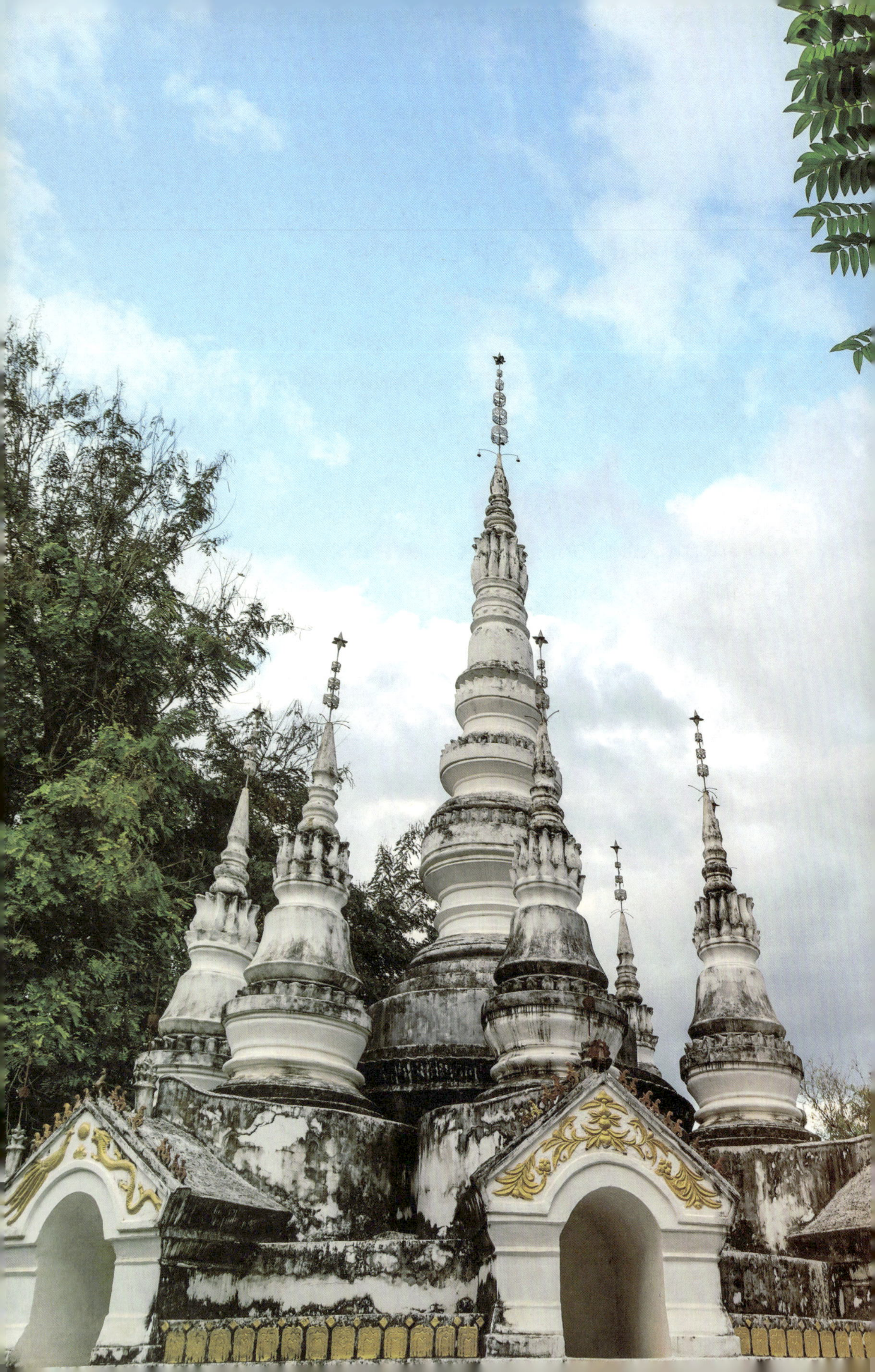

第二章

美丽蝶变会龙人

　　会龙村，是一个以哈尼族为主、多民族聚居的村寨，隶属于西双版纳傣族自治州勐腊县勐腊镇补蚌村委会。2023年4月26日，对会龙村来说，是一个意义非凡的日子——中共中央政治局常委、国务院总理李强来此调研。一时之间，这座云南边境上的小村寨从"默默无闻"走向了"万众瞩目"。在会龙村的身上，承载的是一段哈尼族群众自力更生、自强不息，从"掉队"走向幸福的美丽蝶变。

向往之地

一、曾经的"掉队人"

（一）"版纳"本没有"会龙"

"西双版纳"系傣语，直译为"十二千田"，实际上是指12个行政区域。"西双"即十二，"版纳"意为一个提供封建赋税的行政单位。

西双版纳古称勐泐。三国、两晋时期及以前属永昌郡管辖。南北朝时期，西双版纳一带的12个傣族部落"泐西双邦"，奉天朝为"天王"，受其封赏。公元8—10世纪，勐泐政权属唐代地方政权"南诏"银生节度管辖。傣历522年（公元1160年），傣族首领帕雅真统一勐泐，属南宋地方政权大理管辖。帕雅真奉天朝为"共主"，接受封建王朝的封号。其后，帕雅真之四子桑凯冷继父位时，受天朝封赐为"勐泐王"。元灭宋后，在云南设立行省，将云南划分为37路、5府，勐泐一带称为"车里路"。此后勐泐地区开始实行土司制度，元贞二年（公元1296年），在车里设"车里路军民总管府"，管辖勐泐一带。泰定四年（公元1327年），改设"车里军民宣慰使司"，封召坎勐为宣慰使。傣历932年（公元1570年），宣慰使召应勐为了分配贡赋，把所管辖地区划分为12个版纳，即"西双版纳"（12个版纳之意），这便是"西双版纳"名称的由来。

1950年2月17日，西双版纳全境解放，车里、佛海、南峤、镇越四县相继建立县人民政府，隶属普洱专区。1953年1月23日，西双版纳傣族自治区正式成立，自治区首府设在允景洪，自治区由云南省人民政府委托普洱专员公署（1955年后改称思茅专员公署）领导。1953年5月6日，自治区人民政府第二次（扩大）会议根据中央及省批复文件，撤销车里、佛海、南峤、镇越四县建制，按照传统习惯，将辖区重新划分为12个版纳及两个民族自治区、一个区和一个生产文化站，即设立景洪、勐养、勐龙、勐旺、勐海、勐混、勐阿、勐遮、西定、勐腊、勐捧、易武12个版纳政府，格朗和哈尼族自治区（归版纳勐海领导）、易武瑶族自治区（归版纳易武领导），布朗山区（归版纳勐混领导），基诺洛克生产文化站（归版纳勐养领导）。1955年6月，西双版纳傣族自治区改为西双版纳傣族自治州。1957年7月12日国务院批准将12个版纳合并为县级版纳景洪、版纳勐海、版纳勐遮、版纳易武、版纳勐腊。1959年7月30日，撤版纳建制，将5个县级版纳合改为景洪县、勐海县、勐腊县。1973年8月，经国务院批准，西双版纳傣族自治州由中共云南省委、云南省革命委员会直接领导。从此，西双版纳州与思茅地区（现普洱市）分设，开始行使自治州职权。①

在这段历史当中，其实并没有会龙村的身影。据勐腊镇补蚌村党总支书记、主任罗永才讲述，如今会龙村老乡的父辈们是在20世纪80年代才搬迁到勐腊落户的。

勐腊，傣语为产茶之地，是云南省最南端的边境县。东南与老挝接壤，西与缅甸隔江相望，西北与景洪市相连，北与江城县毗邻。国境线长740.8公里（中老段677.8公里，中缅段63公里）。南北最大纵距120公里，东西最大横距57公里，总面积6250平方公里，其中山区、半山区面积占96.5%，坝区面

---

① 关于西双版纳的历史，主要根据西双版纳傣族自治州人民政府官方网站的信息进行整理。

积占 3.5%。县城勐腊镇既是城关镇也是边境乡镇，东与老挝交界，边境线长 24.19 公里，全镇辖区面积 868.13 平方公里。勐腊镇辖 5 个村民委员会，6 个社区居民委员会。其中，辖区有补蚌村、曼旦村和曼龙代村 3 个沿边行政村。隶属于补蚌村委会的会龙村民小组，如今正在成为现代化边境幸福村建设的重要典范。

（二）曾经的"掉队人"

在西双版纳，世居着傣族、汉族、哈尼族、彝族、拉祜族、布朗族、基诺族、瑶族、苗族、回族、佤族、壮族、景颇族 13 个民族。西双版纳的哈尼族自称"阿卡"，本地统称"爱尼"，分"吉维"、"吉坐"和"木达"三个支系，于公元 9 世纪中叶南迁进入西双版纳。如今生活在会龙村的哈尼族群众，并非"阿卡"，他们几乎全部来自普洱市（原思茅市）墨江县，是哈尼族的"卡多"支系。

哈尼族早期的历史文化就是在动荡不安中形成的迁徙文化。尽管汉文史籍对这段历史记载不足，对哈尼族的具体迁徙路线没有明确记录，但我们仍能从老一辈历史学家、民族学家对哈尼族族源的研究、大量的田野调查研究，以及哈尼族社会中所保存的大量口碑资料的研究中，确认哈尼族的这一历史过程和历史事实。20 世纪 80 年代，在云南亚热带哀牢山哈尼族社会中发掘出一部自古流传的哈尼族迁徙史诗《哈尼阿培聪坡坡》（阿培：祖先；聪坡坡：从一处搬到另一处，也有逃难之意），极大地补充了汉文史籍对哈尼族迁徙及社会发展记载之不足。

据传，最早的哈尼族游牧地"虎尼虎那"，意思是红色和黑色大石垒成的高山，在遥远的北方。由于人口增加，食物减少，他们南迁到水草丰盛的"什虽湖"边。后由于自然灾害森林起火，他们又迁到龙竹成林的"嘎噜嘎则"。再后来，由于与当地原住民族"阿撮"产生矛盾，南迁到了雨量充沛的温湿河谷

"惹罗普楚",与"阿撮""蒲尼"等民族交往甚密。但好景不长,瘟疫开始蔓延,人口大量死亡,幸存下来的哈尼族人不得不南渡一条大河,来到两条河水环绕的美丽平原"努玛阿美"(又名"诺玛阿美",今四川大渡河一带)。在此,哈尼族实现了真正的农耕定居,并将其农业发展到较高的水平,生活十分美满。然而,这种美好的生活却受到当地一个叫作"腊伯"的民族的觊觎,因嫉妒哈尼族的财富和土地,腊伯发动战争。哈尼族战败,被迫离开"努玛阿美",再度南迁,来到了一个大海边的平坝"色厄作娘"。为避免民族战争,又东迁到"谷哈密查",得到当地原住民族"蒲尼"的允许,居住下来。定居后的哈尼族人口不断繁衍,经济实现了大发展,却招来蒲尼出于惧怕而发动的战争。这次战争规模巨大,哈尼族险些被灭族灭种。再次战败后,哈尼族被迫继续南迁,经"那妥"(今云南省玉溪市通海县)、"石七"(今云南省红河州石屏县)等地,最后南渡红河(元江),进入哀牢山区。[①]

最先出发的哈尼族先民大部分定居在了红河流域,少部分进入了西双版纳以及境外的东南亚国家及地区,跟在后边的一支队伍迁徙到墨江后,与前面的亲友失去了联系。他们以为时间过去很久了,再也追赶不上了,就索性留在了墨江。他们的后代成了如今墨江一带的"卡多人"。"卡多"的哈尼语与"嘎多"谐音,意为掉队的人、落伍的人。会龙村的哈尼族大部分就属于墨江哈尼族中的卡多支系,还有一小部分属于碧约支系。[②]

迁徙的民族,通常具备不安于现状、不畏艰难险阻、义无反顾地向着更高的目标勇往直前的精神与斗志。

史籍记载,公元前3世纪活动于大渡河以南的"和夷"部落,就是今天哈尼族的先民,是古代羌人南迁的分支。从公元4世纪到8世纪的初唐期间,有

[①] 关于哈尼族迁徙的历史,主要根据中华人民共和国国家民族事务委员会官方网站的信息进行整理。

[②] 门图:《三代人的幸福笑脸》,搜狐网,http://www.sohu.com/a/363922806_120207611。

向往之地

部分哈尼族先民向西迁移到元江以西达澜沧江地区。在唐人文献里,哈尼族的先民被称为"和蛮"。公元7世纪中叶,"和蛮"的大首领向唐朝进贡方物,唐朝在给云南各族首领的敕书中就列入了"和蛮"首领的名字,并承认他们都是唐朝的臣属。南诏、大理地方政权建立后,其东部的三十七蛮郡中,官桂思陀部、溪处甸部、伴溪落恐部、铁容甸部等都在今天哈尼族聚居的红河地区。公元10世纪大理国时期,哈尼族开始进入封建领主制社会。元朝征服大理政权后,设置元江路军民总管府隶属云南行省,加强对哈尼族和各族人民的统治。明朝在云南少数民族地区推行土司制度,哈尼族部落首领由明王朝授予了土职官衔,并受所隶流官的统治。清朝在云南实行改土归流,废除了哈尼族地区的一些土官,流官制度代替了部分地方的土司制度,但思陀、溪处、落恐、左能、瓦渣、纳埂、犒牾卡等地土官仍被保留下来,土司仍然是这些地区的统治者。民国建立后,国民党政府在红河南岸哀牢山区逐步改土归流,推行区、乡、镇制度。但是最终,土司区仍为"流官不入之地",实行着两块牌子一套人马,土司制度仍然完好无损。直到新中国成立后,土司封建领主制度才最终被废止。

清咸丰三年(1853年),哈尼族贫苦农民田四浪(又名田政、田以政,墨江县人)在太平天国运动的影响下,聚集3000多名哈尼族、彝族、布朗族贫苦农民在团田乡绿叶凹壁村起义,迅速占领了哀牢山中段地区。1856年,田四浪领导的起义军和彝族李文学领导的起义军共同联合作战,给予清朝统治者和封建地主阶级以沉重的打击。起义军在经济上实行"庶民原耕庄主之地,悉归庶民所有,不纳租,课税二成,荒不纳"的土地纲领,深得各族贫苦农民的拥护。这支在哀牢山战斗了20年的起义军,最终被清政府镇压下去。

1917年,元阳县猛弄和金平县猛丁地区近200个村寨爆发了哈尼族、苗族、彝族、傣族等族万余群众的联合大起义,起义军领袖是元阳多沙寨的哈尼族19岁贫农妇女卢梅贝。起义军提出"杀死白土司,人人有饭吃"的口号,向猛弄土司展开了猛烈进攻,占领了司署,打开了土司的仓库,将粮食分给了贫困农民。接着又向溪处、瓦渣等土司发动进攻,打得土司抱头鼠窜。这次起义虽然以失败告终,但它的光荣业绩却铭刻在哈尼族人民的心中。哈尼族人民把领导这次起义的女英雄卢梅贝尊称为"多沙阿波"(多沙是寨名,阿波是阿爷的意思),这次起义的故事在民间广为流传。

正当红河南岸哀牢山区封建土司制度风雨飘摇之际,云南军阀、滇南卫戍司令发兵,并同各土司、地主武装联合反扑,镇压起义。面对强敌和恶劣的环境,起义军坚持苦战了两年,经历了50多次战斗,终因寡不敌众,起义失败了。反动土司对起义军和哈尼族等族群众进行了血腥的报复屠杀,四处捉拿卢梅贝,但不见其踪影。在哀牢山区流传起这样一个故事:多沙阿波挥舞长刀突破重围,骑着白马上天去了。其实,卢梅贝在哈尼族群众的掩护下,隐姓埋名,直到中华人民共和国成立。卢梅贝的行为代表了哈尼族人民的意愿,为民族的利益作出了贡献。

解放战争时期,不少哈尼族青年积极参加党领导的地方游击队,发动群众,争取民族上层,开展武装斗争。1949年各地人民武装积极配合人民解放军阻击国民党军队,围歼逃敌,解放了滇南、滇西南,迎来了哈尼族和各族人民的新生。[①]

(三)与"市"隔离陷贫困

刚搬迁过来的会龙村寨,生活条件特别差,住的都是泥巴房、茅草房。那时候,进出会龙村的道路坎坷不平,走起来常常晴天一身灰、雨天一身泥。虽然距动腊县城不算太远,但山路崎岖、坡陡难行,交通不便,单车、汽车、摩

[①] 关于哈尼族奋斗的历史,主要根据中华人民共和国国家民族事务委员会官方网站的信息进行整理。

托车，想都不敢想，村民都不太愿意外出，由此过上了与"市"隔离的日子。就这样，会龙人住在低矮破旧的老房子里，仅靠割少量橡胶维持生计。然而，20世纪80年代以后的西双版纳，却迎来了一波经济社会发展的政策利好——国家垦边项目。[①] 但因为与"市"隔离，会龙人错过了这一大好时机。

国家垦边项目离开本地经济发展和群众支持是难以成功的，从中央到地方政府都深刻地理解这一点，并给予了高度重视。1980年底，云南省委决定从当年起国营农场从盈利中提取利润的6%交给地方，主要用于扶持农民种植橡胶。以1981年为例，扶持款额达到333万元。此后，西双版纳全州民营橡胶迅速发展起来，1983年突破了10万亩，1985—1987年，每年以10万亩速度增长。

橡胶的种植给地方少数民族带来了新的生产方式与劳作制度，但是橡胶不同于水稻、玉米等粮食作物，胶水无法成为生活必需品，只有买卖才能实现其价值，因此商品交易广泛流行于村寨。胶水的买卖与加工成为农场与村寨之间协同发展的契合点。起初，地方老百姓是没有胶水加工厂的，都是把胶水挑到农场去加工，农场称了之后当场就把钱支付给老百姓。对于老百姓来说，感觉到了实惠，用胶水换到钱之后，高高兴兴地回家去，第二天又高高兴兴地来农场。这显然比他们种稻谷用稻谷换其他东西要好得多，老百姓跟农场的关系也越来越紧密。到了后期，地方少数民族在国营农场的带动下，办起了橡胶加工厂。到1988年，西双版纳全州社队办了52个橡胶种植场，种植了44万亩橡胶，建立了57个橡胶加工点，带动了乡镇企业的发展。1993年全州生产总值为164548万元，与1985年相比，第一产业产值增长1.72倍，比重下降11.95%，第二产业产值增长2.72倍，比重上升1.65%，第三产业增长3.93倍，比重上升10.3%。

---

① 参见王欣《"国家发展模式"视野下的国家垦边与地方族群关系——以西双版纳国营农场为例》，《中国农业大学学报（社会科学版）》2019年第2期。

第二章 美丽蝶变会龙人

西双版纳，这个以农业生产为主要生计的边疆地区，在国营农场建立后的二三十年间实现了土地资源的深度开发和产业结构的变化，作为地方主体的少数民族加入了"新经济"的行列，享受到了国家垦边和改革开放的盛果。民营橡胶成为农村经济的一大支柱，橡胶树成为村寨老百姓富裕程度的象征，以及他们与外界交往的筹码。村民们在谈到家庭收入情况的时候洋溢着喜悦与自豪："种水稻一年累死累活才 2000 块钱，有了橡胶之后，每天割一刀都有 100 块。"据村民说，在 2010 年左右橡胶价格高的时候，平均每棵树每天的胶水收入有 2 元，橡胶树多的人家每天的胶水收入可达 1000～2000 元。这完全扭转了少数民族靠天吃饭的贫苦生活，使他们从日出而作、日落而息、粮食自产自销的边疆农民，一跃成为拥有长期收益资产的林业主。国营农场与地方村寨形成了供

过去的会龙村（来源：勐腊县委党校）

需平衡、先富带后富的发展模式。这种生计方式的转变经历了从被动到主动的适应过程，发展了地方百姓原有的生产技能和交换制度，成功实现了国家开发边疆的计划，增强了地方少数民族与国营农场的凝聚力，也强化了其对国家的认同。很多地方老百姓都认为，如果没有农场，地方少数民族也不会发展到今天这么好。

橡胶不仅为国家和地方少数民族带来了实际收益，也成为西双版纳社会转型的动力。特别是在改革开放和市场经济的渗透下，由橡胶而来的商品交易为当地第三产业的迅速崛起提供了强有力的支持。国营农场率先开办了招待所、商业大楼、餐馆、歌舞厅等，从服务型转向经营型，营业额逐年增加。此后，国营农场周边的小卖部、小餐馆、小家电商场、理发店等如雨后春笋般发展起来。一些有经济意识的少数民族也开始利用橡胶收入作为生计转型的资本，在农场场部周围以及小城镇中心经营傣味烧烤、傣味早点、边境小商品等。特别是在旅游业的驱动下，为满足大量外来游客的需求，傣味餐饮、傣家传统手工艺制品、哈尼族餐饮成为西双版纳少数民族在橡胶产业之外的又一大经济支柱。

可惜的是，会龙人并没有搭上这一趟发展的快车。

二、开荒种胶谋发展

哈尼族人多居于山区，从事轮歇游耕的农业生产。如今会龙村村民的父辈们当年在墨江生活得非常艰难。人口众多，条件恶劣，甚至连饭都吃不饱，得到山里挖山药，以山药果腹。离墨江不远的西双版纳，在那一段时期，得益于国营农场和橡胶种植两大国家战略，老百姓的生活日益富足。

（一）国营农场助发展

新中国成立之后，国营农场在我国农垦事业发展和开荒建设中承担了非常重要的角色。[①]自抗战时期在陕甘宁边区和其他敌后抗日根据地开展大生产运动以来，中国的农垦事业不断积累经验，并在全国各地试点建立国营农场，开发荒地。解放前，西双版纳传统土地制度与传统的勐行政体系紧密联系在一起，可称之为"勐的土地制度"。勐制度的基层是一个个曼（村寨），勐制度的核心则是由诸多曼联合而成的单个的勐。实质上说，整个西双版纳是由大大小小30

---

① 参见王欣《"国家发展模式"视野下的国家垦边与地方族群关系——以西双版纳国营农场为例》，《中国农业大学学报（社会科学版）》2019年第2期。

向往之地

多个勐构成的。召片领①征服各勐后,直接派自己的宗室亲信去作召勐②。从单个勐来看,"纳召勐"(土司田)是各召勐直接领有的世袭土地,绝大部分征收劳役地租。召勐划给其大小家臣作为薪俸的土地称"纳波郎",征收地租。村寨现职头人的薪俸田称为"纳道昆",派农代耕。最末一级是在村社中监工督耕的人领有的土地,称为"纳陇达"。寨公田"纳曼"是宣慰使为了照顾百姓而划分出来的不收地租的田地。农民自己开垦出来的零星土地,称为"纳辛",即私有田;以及祖先开垦出来的私田"纳多",可供后代子孙继承使用,私有田不再分配。因此西双版纳传统土地是村寨公有的,只有少数土地属于私有。但是随着汉族移民和外来汉族流官的影响,内地的土地私有制进入版纳,勐的土地制度中土地村社公有的成分已经受到侵蚀。1950年西双版纳解放,1956年进行了土地改革,将领主的"私庄田""波郎田""陇达田"等没收,只留有与农民同样数量的田。传统的勐的土地制度被解构,土地归属国家所有,使用权在农民。

西双版纳自傣历522年(公元1160年)傣族首领帕雅真统一勐泐,建立"景龙王国"至20世纪上半叶,一直处于地广人稀的状况。李拂一先生在1931年就提出:"十二版纳……面积约二万五千余平方公里……人民十六七万,每平方公里居民不到七人,如每平方公里以容纳四十人做标准,那么至少尚可增加八十万以上之移民进去。"西双版纳传统的民族聚居格局是:傣族居住在坝区,以水稻种植为主;哈尼族等其他民族居住在山区,以山谷、玉米和茶叶种植为主。因此在傣族村寨周围、坝区与山区的过渡地带都有许多未开发的土地。这种人少地多的情况以及地方族群的二元格局,给了国营农场及外来移民很大的发展空间。土地改革结束之后,地方政府有对土地的直接管理权,农场开垦土地之初,因没有土地管理局之类的行政部门,当地政府就大致划出一个没有明

---

① 傣语音译,意为"广大土地之主",新中国成立前西双版纳地区最高封建领主。
② 傣语音译,意为"一勐之主"。

确界线的范围，例如"南腊河下游""勐龙公路旁边"等。这些片区在当时是大片的原始森林，并未成为地方群众的生产生活用地。虽然土地改革之后，领主的土地已经被并入农民的寨公田，西双版纳勐的土地制度在形式上被解构了，但是在傣族老百姓的观念里，勐的土地意识依然存在，人们认为"过去倘甘召片领，今天倘甘毛主席"，也就是说过去土地是召片领的，现在是毛泽东的。这种根深蒂固的观念和毛泽东在边疆的威望成为国营农场成功落户的重要基础。

（二）橡胶种植谋发展

橡胶种植，是我国工业化起步之时的重要支撑。① 由于自然条件非常适宜种植橡胶，新中国成立之前，就有东南亚华侨将橡胶引入云南并成功种植。新中国成立之初，面临着西方国家严密的经济封锁，大规模引种橡胶树成为当时中国自主生产橡胶、发展工业，从而突破西方经济封锁、维护国防安全的重要转折点。

1951 年 8 月 31 日，中国政府政务院第 100 次政务会议通过的《中央人民政府政务院关于扩大培植橡胶树的决定》提出："为争取橡胶的迅速自给，对巴西橡胶及印度橡胶应采取大力培植的方针，要求自一九五二年迄一九五七年以最大速度在大陆上广东（海南岛除外）、广西、云南、福建、四川等五个省区共植巴西橡胶及印度橡胶七百七十万亩（海南岛的任务另定）。"根据该决定制定的任务、步骤和措施，1953 年 1 月，由国家林业部组织中苏专家考察队，对云南西双版纳进行植胶可行性考察，并组织西南农林院校师生对西双版纳植胶进行研究与规划。1953 年 9 月，正式成立了西双版纳特林试验场（云南省热带作物

---

① 参见张雨龙《从边境理解国家：中、老、缅交界地区哈尼/阿卡人的橡胶种植的人类学研究》，云南大学博士学位论文，2015。

向往之地

科学研究所的前身）和橄榄坝分场。1956年，云南成立了省热带作物局，隶属省农业厅，专门负责云南的橡胶发展工作。云南各地划出专用土地成立国营橡胶农场，开始大规模的橡胶种植。国营橡胶农场的纷纷建立加速了橡胶种植业的发展，对当地劳动力的需求也迅速增加。

1952年9月15日，中国和苏联签署《中华人民共和国中央人民政府、苏维埃社会主义共和国联盟政府关于帮助中华人民共和国植胶、割胶、制胶及售与苏联橡胶的协定》（简称《中苏橡胶协定》）。该协定规定：到1963年，中国的橡胶生产要达到20万吨，并逐年扩大生产任务。为了完成这一目标，中央政府决定扩大云南的橡胶种植规模。在西双版纳，橄榄坝、勐养、曼勉、广龙、南联山、勐腊、勐捧、勐润、勐仓、勐醒、尚勇、勐伴、勐满等多个国营农场陆续建立起来。为了满足大规模种植橡胶所需要的劳动力，中央政府决定从湖南抽调5万人到云南国营橡胶农场种植橡胶。可以说，国营农场在毛主席批准和号召下建立，20世纪50年代末60年代初，又有一批"毛主席家乡的人"支边农场，他们的到来不仅打击捕获了国民党残匪，从国家高度维护了边疆安全，而且也给当地少数民族带去了和平的生存环境，使他们能够安居乐业。湖南5万名青壮年按期奔赴云南后，又有大量的转业军人、垦荒青年、下放干部、知识青年以及当地的少数民族加入国营农场。西双版纳国营农场的橡胶种植规模逐年扩大，对推动地方经济社会发展起到了极大的促进作用。

依托1959年建立的6个国有农场，20世纪80年代，勐腊县实施"国营为主，国营、民营两条腿走路发展橡胶"的方针，在国有农场的帮助下，勐腊县的民营橡胶发展迎来了首个高潮。山区的哈尼族、布朗族因拥有大面积的山地资源，橡胶种植数量不断扩大，坝区的傣族只能在水田周围的缓坡上种植橡胶。在农场的帮扶下，本地民族在种植、管理和割胶技术上都有了提升。橡胶的种植改变了西双版纳以水稻、茶叶等传统作物种植为主的生计模式，使傣族、哈尼族等民族逐渐成为拥有长期收益资产的林业主，橡胶收入成为西双版纳民族经济收入的主要来源。经济水平的提高和族群互动的频繁,加强了本地民族对外来移民的接纳和认同。

在墨江艰难生活的会龙村村民得知西双版纳的这一发展,1970年前后陆陆续续到西双版纳的勐腊打工。当时从墨江到勐腊,路途遥远,搭车不便,一路上交通条件也非常差。几经辗转,会龙人首先在曼龙村落脚了。曼龙是一个傣族村寨,会龙人很快就融入了当地傣族同胞当中,与他们同吃同住,一起搞开荒建设。最初是租别人的房屋住,给别人打工,后来在自己务工的地方盖起了简易工棚居住和生活,再后来,经政府协调得以在曼东建立村寨,当时的村寨里都是简易房屋。随后的10年里,整个曼东人口越来越多,农场占用的土地也越来越多,会龙人的生存空间也越来越拥挤。于是,会龙人主动向政府提出了搬迁的想法。1980年,会龙人从曼东搬迁到了现址——当时曼龙代村委会的放牛场,继续搞开荒建设。在当地政府的帮助下,会龙人落下了勐腊县户口,成为合法的西双版纳居民。至此,会龙人也终于结束了居无定所的流浪生涯。①

---

① 根据勐腊镇补蚌村委会党总支书记、主任罗永才的采访资料整理。

三、党建引领振兴路

（一）抓党建促振兴[①]

近年来，云南西双版纳州委组织部以开展边疆党建长廊建设为抓手，坚持"围绕中心、统筹推进、创新机制、示范引领"的思路，实施强边固防"四位一体"、扶持壮大村级集体经济、"红色美丽村"、乡村振兴"百千万"工程等项目，实现了组织强、边民富、边关美、边疆稳、边防固。会龙村也在这一过程实现了向幸福村的"蝶变"。

作为致富带头人，罗永才自建烤酒厂，带动村民加入烤酒队伍，进村入户指导村民酿造纯包谷酒，让自烤酒销售成为群众的重要收入来源。"我就喜欢跟着罗书记办事，罗书记这人敢闯敢拼，对我们也是倾囊相授。他自建烤酒厂，每年的酿酒量达到4000公斤左右，纯收入2万元以上，在他的带动下我们纷纷加入烤酒队伍，也获得不小的收益。"村民王晓兰说。此外，罗永才还成立了香菇种植专业合作社、发展生猪养殖，带领村民拓宽增收渠道，帮助补蚌村委会190户691人如期实现脱贫。村民们记着他的好，亲切地叫他"阿才支书"。2021年，罗永才被评为"全国脱贫攻坚先进个人"。

[①] 参见《勐腊会龙村：党建引领振兴路　哈尼村寨展新颜》，"勐腊先锋"微信公众号。

全国脱贫攻坚先进个人、致富带头人罗永才（来源："勐腊先锋"微信公众号）

在西双版纳深入推进抓党建促乡村振兴行动，全覆盖开展"干部规划家乡""五面红旗村创建""强边固防示范村创建"的大背景下，会龙村村容村貌也得到了整体改善，群众生活水平不断提高。勐腊镇党委组织36名干部召开"干部规划家乡"座谈会，一村一方案制定村庄规划。同时，组织机关党员下沉村组，帮助群众提升公共环境、美化庭院。

会龙村党员在下沉干部带领下，不等不靠，与驻村工作队、村"两委"干部逐户开展环境卫生评估，搜集整理需要整改的问题，形成问题清单。"村子里最突出的问题就是私搭乱建多、柴火木料乱堆乱放，影响美观；家禽牲畜粪便味道大等，寨子里来了客人经常会捂着鼻子走……"会龙村党支部书记杨忠说道。为解决这些问题，村党支部开会决定，由党员户、干部户带头整治自家环

向往之地

境卫生。有了党员干部的示范，村民纷纷动起来，自觉拆除了彩钢瓦、围墙，搬迁猪圈、鸡圈，将橡胶自凝胶块、木料等转移到指定位置。原本拥挤脏乱的村落一下就宽敞整洁了不少。为了让村子更美，党员干部与群众合力对花池、路面、下水道等公共区域进行了改造提升。一户一策规划打造了小菜园、小花园、小果园"三小园"，栽种各类土生土长的特色花卉、果苗和野菜。"村子现在很干净，家家户户都种了花花草草，吃完饭散散步会觉得很舒服。"村民曹忠梅笑着说。

青年志愿者用画笔绘就美丽幸福村（来源：勐腊县委党校）

"其实我们还有很多资源，但是用不来，赚钱的办法不多。"村民罗萍说。为了让"钱袋子"更鼓，会龙村民小组以党建为引领，抢抓政策机遇，理清发展思路。采取"支部+合作社+农户"互帮共赢的模式，积极扶持壮大村集体经济。依托沪滇协作项目资金，发展起了蜂蜜产业。村里 38 户农户参与了蜜蜂养殖，每年户均增收 5000 元，全村创收 15 万元。群众的腰包鼓了，"心窝子"也暖了起来，大家干事创业的积极性也更高了。此外，会龙村党支部依托区位、资源优势，在巩固橡胶、林果产业的基础上，探索文化民宿、酿酒工艺、中草药种植等特色产业。发挥紧邻国家 4A 级旅游景区望天树景区的区位优势，会龙村与望天树旅游开发有限公司签订了《村企合作协议》，并打造特色民宿，吸引游客到村内住宿消费，促进村民增收。"一开始我们的民宿生意不是很好，后来发现是经营和管理的问题。"顺福客栈老板白会仙说。为此，会龙村邀请省旅游学院老师教授客房管理与服务课程，提高村民经营管理能力。目前，会龙村累计开设民宿房间 40 间，每间预计年平均收入 3 万元。"我家民宿开得早，客人多，经常是供不应求，大家的生活越来越好啦。"村民李文忠高兴地说。

在党和国家的帮扶下，会龙村村寨人居环境、村民生产生活发生了翻天覆地的变化，人均纯收入由 2015 年的 6600 元提升至 2022 年 18000 元。

村民白会仙曾经是会龙村小组建档立卡户中的一员，回忆过去和现在的变化，她内心感慨不已："以前我们村子破破烂烂，路上都是泥巴，走路要卷裤脚。现在，道路修好了，水电不通的问题也解决了，还有了无线网络，住上现在这样的大房子我们做梦都没想到。在党和国家的帮扶下，我们的生活得到翻天覆地的变化。我们真的很幸福，衷心感谢党和政府！"

走在会龙村就会发现，家家户户庭院大门上都悬挂了国旗，这不仅是为了进一步增强边疆群众的国家意识、国土意识、国防意识和国门意识，也是哈尼族人民自发感恩共产党、感恩领袖带领哈尼族人民过上好日子的一种精神寄托。

村里的凉亭，不仅是村民茶余饭后、闲暇之余的好去处，也是组织开展支部活动的好地方，既能凝聚人心又能丰富群众的精神文化生活。村党支部牵头建立了村级联调机制，每当夫妻发生矛盾、邻里产生纠纷时，由村组干部、妇女等组成的调解小组会第一时间通过召开"板凳会议"，用拉家常、讲情理、普

向往之地

会龙村民宿（来源：勐腊县委党校）

法律的方式，及时疏导负面情绪、解开彼此心结，真正做到了"小事不出村、矛盾不上交、平安不出事"，是补蚌村"全国民主法治示范村"的生动实践。

如今的会龙村道路宽敞整洁、房屋特色别致，庭院鸟语花香，家家忙着搞发展、人人脸上挂笑容，有着洁净宜居的农村人居环境，成为附近村寨的标杆，村民宁静悠闲的生活已成为城里人向往的生活。会龙村小组党支部书记鲍永学说："以前村寨卫生没有人管，各条道路上的垃圾无人清理，垃圾随处可见。现在，通过召开党员会、村组会，动员大家积极行动起来打扫环境卫生。打扫卫生已常态化，现在无论什么时候，村寨里都是整洁干净的，大家的心比以前更齐了。"

（二）村民同心　其利断金[①]

会龙村摆脱贫困的第一个转折点出现在 2008 年。要想富，先修路。罗永才当时迫切地想要带着自己的乡亲父老们摆脱贫困。交通不便不仅是全村人心里的硬疙瘩，更是罗永才的一块"心病"。那一年，他下定决心，在会龙村召开了群众大会，组织村民集资修路。人均集资 1000 元，共筹得资金 162000 元，当地党委和政府支持了 300 吨水泥，修路计划就这样开始了。为了修通这条路，不可避免地要占用部分村民原有的橡胶林和农田，而由于经济困难，也没办法给被占用橡胶林和农田的村民补偿金。当时老百姓的怨言确实也很大，但是路修通之后，老百姓切切实实感受到了交通便利带来的巨大变化，思想观念也发生了改变。

第二个转折点是在 2015 年。2015 年 11 月，《中共中央　国务院关于打赢脱贫攻坚战的决定》出台，提出到 2020 年，确保我国现行标准下农村贫困人口实现脱贫，贫困县全部摘帽，吹响了打赢脱贫攻坚战的号角。各种政策利好陆陆续续传到了会龙村，会龙村也成为省人大的挂钩扶贫点。省人大扶贫工作队员入住会龙村之后，从思想、教育、政策、资金、技术等多方面入手进行帮扶。党委和政府还决定出资新建基础设施。罗永才抓住这个机会，带领会龙人更加努力地摆脱贫困。当时，罗永才把村民召集起来，商量按照统一样式来新建房屋。村民们都表现出了非常高的积极性，愿意自筹资金建房。后来，党委和政府给了每家每户 10000 元左右的建房补助金。

在党委、政府的领导下，在脱贫攻坚的政策下，会龙村投入专项扶贫资金 105 万元用于村寨整体提升，人居环境、道路交通大幅改善，饮水安全得到有效

[①] 根据勐腊镇补蚌村委会党总支书记、主任罗永才的采访资料整理。

向往之地

如今的会龙村（来源："勐腊先锋"微信公众号）

如今的会龙村（来源："勐腊先锋"微信公众号）

第二章 美丽蝶变会龙人

如今的会龙村（来源："勐腊先锋"微信公众号）

如今的会龙村（来源：勐腊县委党校）

向往之地

保障，村容村貌发生了翻天覆地的变化。短短几年时间，一幢幢哈尼红砖瓦房拔地而起，家家户户都有了摩托车甚至是小汽车。村民进出方便了，与外界的沟通交流多了，眼界自然也开阔了。村寨装上了太阳能灯，彻夜通明的电灯不仅照亮了村寨的各个角落，也把村民的心里照得亮堂堂的。会龙人的观念很快从"要我发展"转变成了"我要发展"。

会龙村每家每户的门上都挂着一个牛头装饰。传说，过去哈尼族遇到自然灾害，夏种时没有种子播种，是牛尾巴带来的7颗种子给了哈尼人希望，让他们繁衍生息下去。在哈尼人心里，牛头装饰，寓意着哈尼人只要勤劳奋斗、不怕吃苦，就一定会走出困境，迎来新的希望。会龙人在党的领导下，在这种精神的鼓励下，日子越过越好。

四、曾经旧貌换新颜①

　　如今的会龙村真正实现了从贫困、落后、基础差到富裕、宜居、和美乡村的美丽蜕变。在现代化边境幸福村的建设中，会龙村正在成为典范。

　　会龙村小组现有 43 户 176 人，设有党支部 1 个，共有党员 10 人，入党积极分子 1 人。2022 年全村经济总收入 316 万元，农村常住居民人均收入达 1.8 万元。自 2021 年开展现代化边境幸福村建设以来，会龙村依托区位、资源优势，在县委、县政府和镇党委、镇政府坚强领导下，扎实推进边境幸福村建设工作，引进沪滇协作、乡村振兴等帮扶项目，先后进行改房、改水、改厕、改圈、铺水泥路等项目，从产业、住房、教育等方面保障脱贫群众的生产生活。共投入资金 460 万元，实施建设项目 2 个，即现代化边境幸福村建设项目和发展壮大村集体经济建设项目，建设游客中心、特色农产品展销馆和村史馆等。

　　家家户户的"三小园"，不仅是会龙人积极响应省委绿美村庄建设的成果，也是现代化边境幸福村建设项目实施的成果。2022 年实施现代化边境幸福村建设项目，投入资金 50 万元，用于绿化美化等村容村貌提升。在道路两侧和庭院种植了各类花草 38700 株，对菜园和花园进行改造，砌筑了 1200 米花台，新增了 13 块宣传展板，还对村公房、篮球场等场地进行了翻新。会龙人也将生态保

---

① 根据李强总理调研会龙村时，会龙村小组准备的解说词进行整理。

向往之地

会龙村史馆（来源：勐腊县委党校）

护和人居环境提升纳入村规民约，落实网格化管理，和村民签订门前"三包"责任书，在绿化、净化村寨环境的同时保留自有特色，就是希望乡村有乡村自己的特色。

2023年4月26日，中共中央政治局常委、国务院总理李强亲临会龙村，就脱贫群众发展、脱贫攻坚与乡村振兴有效衔接、产业发展等进行了调研。未来，会龙村将按照李强总理的指示要求，在巩固橡胶、林果产业和发展酿酒、蜜蜂养殖、中草药种植等特色产业的基础上，全力打造菌草循环经济产业示范园建设；依托国家4A级望天树景区，积极谋划乡村特色旅游产业，带动群众增收致富。

五、幸福村寨幸福篇

"头雁"引领组织强盛，边疆兴起来。聚焦"关键头雁"，强化自身建设，发挥好带头引领作用，全力打造一支政治觉悟强、支部班子强、党员队伍强、作用发挥强的"四强"党支部队伍，为巩固拓展脱贫攻坚成果与乡村振兴有效衔接提供坚强组织保证。打造坚强有力的带头人团队，在选优配强"领头雁"、发展党员强队伍、制度规范化上下功夫，把全国脱贫攻坚先进个人、致富带头人罗永才选为村党组织的"领头雁"，建立挂钩责任制，由镇党委副书记和村党总支副书记同时挂钩，具体指导帮扶，大力发展党员，储备一批青年干部，会龙村党支部不断建强，党组织的统筹力、组织力、服务力得到提升。发挥党员先锋模范作用，以"三个示范"为抓手，不断锻造想干事、能干事的党员"群雁"，激发基层党组织不断迸发新活力。在强边固防中做示范，充分发挥党员"五个带头"作用，积极参与守边、固边、护边，划定党员责任区，带领群众参与织密边境钢铁防线；在人居环境提升改造中做示范，党员率先拆围墙、理内务、优环境，带动全村群众共同参与，营造环境卫生"人人参与、人人爱护"的良好氛围；在思想学习上做示范，依托"万名党员进党校"，建立党员学习制度，党员学在前、干在前，积极参与各项活动，形成了"支部干事有人跟、党员说话有人听、有事大家一起干"的良好局面。建优建强基层战斗堡垒，坚持红色引领，抓实党内组织生活，严格落实"四个一"制度，深入学习党的二十大精神，补足基层党员精神之"钙"，拧紧思想建设"总开关"，进而提升支部凝聚力；统筹党群力量，发动村组干部、妇女、青年共同学习，推动思想教育从集中学习向经常性教育延伸，党建工作参与者从"关键少数"向"绝大多数"拓展，进而打造过硬党支部。

"雁阵"齐飞产业兴旺，群众富起来。始终坚持产业支撑，瞄准干得好、有潜力、能带动的新型农业经营主体带头人，促进"雁阵"齐飞，将基层组织优势转为产业优势，带领村民因地制宜发展产业。发挥优势搞种植，在巩固天然橡胶传统产业的基础上，推动种植业多元化发展，利用冬天无霜期的气候优势，扩大种植无筋豆、辣椒等冬季蔬菜和沃柑、坚果、小糯玉米。党支部牵头成立专业合作社，发展香菇、冬荪等人工菌类种植产业，让村民们进一步增强"造血"机能。种植橡胶964.21亩，年产值达937.2万元；种植沃柑50余亩，年产值达约38万元。提升技术搞养殖，村干部带头，聘请农业技术人员不定期传授生猪养殖技术，村民们跟着养起了质优价高的滇南小耳猪，大家抱团发展，既降低了风险又增强了市场竞争力。党支部带领村民利用临近自然保护区位置，在保护区边缘依次放置蜂箱。养殖的蜜蜂统一品种、统一技术，收回的蜂蜜由合作社统一收购、统一销售，销量逐年翻番，帮助村民稳定增收，38户农户每年户均增收5000元。农旅融合搞旅游，会龙村三面被勐腊国家级自然保护区环绕，依托"国家森林乡村"和紧邻望天树4A级景区优势，以实施沪滇协作项目为契机，融入旅游要素，开发建设乡村旅游民宿23家、房间40间，农家乐12家。与望天树旅游开发有限公司签订合作协议，精心打造可观、可游、可品、可住、可行、可体验的多元化主题产品，实现了村里一产到三产的产业升级，村民们足不出户也吃上了"旅游饭"，户均增收达到1万元以上。用好人才增后劲，依托望天树景区等平台引进外来人才，借外来人才之力、外来企业之力，以外智促乡村发展。回引优秀人才，把村里外出就业中群众口碑好、致富手段多的人才全部纳入信息库，现储备优秀人才35人、回引人才8名。培养乡土人才，开展种养殖、电焊、酒店民宿经营管理等职业技能培训，培育有文化、懂技术、会经营的乡土人才，乡村发展后劲不断增强。村里每户劳动力基本都掌握两项基本技能，割胶、家政、养蜂等，党支部定期组织大家到附近务工，每天可增收100至300元，促进稳就业、稳增收。

"群雁"齐追乡风文明，村寨美起来。以"头雁效应"激发"群雁活力"，聚焦问题导向，齐心同力，勇于革新，把村党支部作为"雁阵"的组织优势转化为推动乡村振兴取得成效的重要抓手。支部带头保护生态，深化"党建+N"模式优环境，健全完善党组织领导的生态环境保护机制，党支部示范落实林长、河（湖）长、路长"三长"责任制。村组干部分片分段负责，把生态建设和保护内容纳入村规民约，组织村民常态化开展"清河行动"、巡山护林，教育引导群众积极参与生态环境保护，以实际行动建设美丽家园。党员示范靓家园，在村内建立党员示范岗，组织党员签订承诺书。让党员"亮身份、亮承诺、树形象、做示范"，开展"359"美丽家园建设工作，发动群众拆临拆违、拆墙透绿、种植花草，开展一户一个小庭院、一户一个小花园、一户一个小菜园"3园建设"，在村里实施绿化、美化、亮化、净化、文化"5化工程"，常态化开展爱国卫生"7+2专项行动"，整治脏乱差，提升人居环境。全村户户是花园、家家有风景，吸引着城里的游客每逢节假日就过来"打卡"。文明乡风进村寨，村党支部围绕"党的光辉照边疆、边疆人民心向党"这一主线，组织开展党的二十大精神宣讲。用好乡村大舞台，组织村内演艺队开展各类表演和打篮球、跳绳等文体活动，丰富群众文化生活。开展"文明村寨""星级文明户""文明家庭"等精神文明创建活动，打造村史馆，凝聚乡愁文化。修建同心亭、振兴亭，以"有事大家议"的方式，真正实现支部、党员、群众"心贴心""零距离"，过去的邻里纠纷治理难题得到解决，绘就了一幅村寨美、日子甜的幸福画卷。

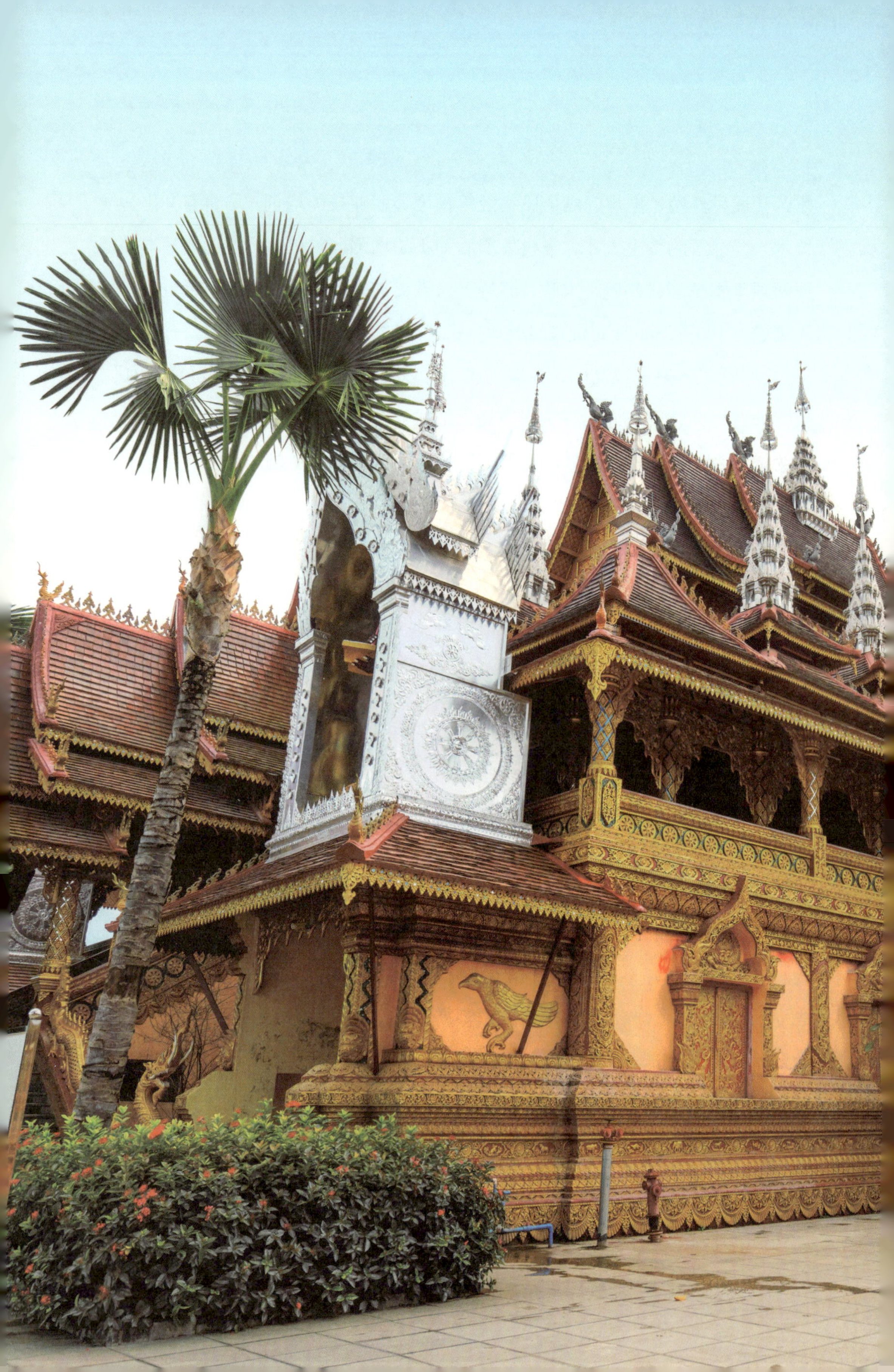

第三章

民族团结一家亲

"阿哥阿妹情意长，好像那流水日夜响。流水也会有时尽，阿哥永远在我身旁……"大巴车悠扬的歌声把我们带到了这首享誉大江南北的歌曲《婚誓》的诞生地——老达保。

其实，达保原本是一个人的名字，只因当年他带领族人开辟了这个寨子，而变成了这个寨子的名称。它的原址在今天同村的邦利村民小组后山，距现址约有五六公里。开寨后不知过了多少年，由于人口的不断增加，分成了两个寨子。新分出去的叫新达保，现址在村委会的南面约2公里的地方。留下的自然就叫老达保了，不知又过了多少年，到了1970年他们也搬迁到了这交通便利、生活适宜的现址。在原址上至今还保留有几间茅草房以做农活时备用，当年先人栽种下的竹篷至今还郁郁葱葱。

向往之地

老达保村民小组隶属酒井哈尼族乡勐根行政村，位于全国唯一的拉祜族自治县澜沧县县城东南部澜沧至西双版纳国道214线旁，离边境线约50公里，国土面积12.04平方公里，属于半山区，海拔900米。全寨有户籍人口119户503人，常住人口116户483人，有劳动力312人。现有耕地面积2354亩，其中水田面积380亩。经济收入以种植茶叶、甘蔗、旅游业和家庭畜牧业养殖为主，有茶叶470亩，甘蔗450亩。2022年末，老达保村民小组农村经济总收入达1206.61万元，人均可支配收入16495元，人均有粮623斤。2015年10月，成立了勐根村老达保党支部，现设有1名书记，2名委员。目前老达保支部有党员18名，其中女党员9名，少数民族党员16名。村里的创世史诗《牡帕密帕》和民间舞蹈《芦笙舞》是国家级非物质文化遗产，拉祜族摇摆舞、迁徙史诗《根古》等是省级非物质文化遗产项目。有国家级项目代表性传承人3人，省级项目代表性传承人1人，市级项目代表性传承人2人。

宛如童话世界般的老达保寨，背靠青山，面朝田野，静静地躺在青山绿水的拱卫之中，仿佛是大自然有意为人们让出了一片宜居的宝地。寨头翠竹树木郁郁葱葱，左右茶园碧波起伏，下角是一望无际的田园。"拉祜，拉祜，拉祜哟，快乐的拉祜人，幸福吉祥吉祥幸福快乐到永远。"刚进寨子就听到了《快乐拉祜》熟悉的旋律。走进老达保，沿着整齐划一的青石板路，一幢幢具有民族特色的拉祜民居错落有致地建立在青石板路的两侧。不同坊名不同格局的 芦笙坊、农耕坊、陀螺坊、艺织坊、茶吟坊等牌坊在每一幢民居屋檐上熠熠生辉、引人注目。一幢幢杆栏式吊脚楼井然有序地排列着，一道道宽阔石板路纵横交错地伸进家家户户，道路两旁花草树木风姿绰越，三者在这里和谐共生，相得益彰。当人们生火做饭时，村庄的上空升起袅袅炊烟，带给人们一丝丝静谧和悠远，仿佛向人们娓娓诉说着古老故事。户与户之间，多数是用竹篱笆分隔开来，挂满葫芦、面瓜、绞股蓝的藤条，大青树和不知名的树木，显得那么安详和谐。在现代文明不断向乡村辐射的今天，老达保村却依然保留着原始古朴的

第三章　民族团结一家亲

老达保村全貌（来源：酒井乡组织委员殷娇）

向往之地

纯真容颜：木墙瓦顶的干栏式建筑，古老的民族服饰、古朴的民风民俗等。这里的一切可谓是原模原样、古色古香，体现了生态，保留了原貌。

过去的老达保，村情可以概括为"三低三高"。一是交通支撑程度低、群众发展愿望高。过去老达保交通条件落后，晴天尘土飞扬，雨天寸步难行，极大地制约了本地经济社会的发展，但这并没有影响群众想要发展的决心和信心。群众有较强的发展愿望，都梦想着能同全省、全国一起实现脱贫致富。二是受教育程度低、音乐天赋高。老达保村民平均受教育年限仅有 6.8 年，但他们具有拉祜族"会说话就会唱歌，会走路就会跳舞"的音乐天赋，扛起锄头能下地，抱起吉他能唱歌。三是产业组织化程度低、民族文化资源禀赋高。

改革开放的春风吹绿了拉祜山寨，温饱解决了，杈杈房、茅草房时代结束，但与小康生活还有很长的一段距离。2006 年老达保全寨共有 119 户 494 人，其中，建档立卡贫困户 90 户 383 人，人均年纯收入仅为 1715 元。2013 年以前，老达保村民小组还是个贫困村寨。村民间流传着"交通基本靠走，喝水基本靠背，通信基本靠吼"的说法。村里水、电、路不通，外人不进村，村民不出山，

老达保寨子原村容村貌（来源：酒井乡组织委员殷娇）

老达保村村民的老照片（来源：酒井乡组织委员殷娇）

世世代代"隐居"在澜沧山乡。贫困发生率曾高达79%。2013年6月，在当地党委、政府的扶持下，拉祜族村民李娜倮牵头成立澜沧老达保快乐拉祜演艺有限公司，村民们入股参与分红。据统计，从演艺公司成立至2022年底，仅当地演出就有960余场次，接待游客15.3万余人次，实现演出收入475万元，群众分红395万元，演艺人员年人均分红达1.98万元，实现旅游综合收入1099万元。2020年累计实现建档立卡贫困人口92户402人脱贫。小小的山村涌现出全国劳模、全国优秀共产党员李娜倮和云南省优秀党务工作者彭娜儿等诸多先进典型。2021年，老达保党支部还获评全国先进基层党组织。

近年来，老达保村依托自身资源发展新业态，进一步做大"蛋糕"，推出蔬菜园、彩色稻田、咖啡馆等田园观光体验项目，将农事农活变成文化体验。如今，老达保的文旅业更加红火，2023年第一季度接待游客就超过1.4万人次。2023年8月22日，携程度假农庄（澜沧老达保联营店）正式开业。云南首个携程度假农庄项目开业后，20套高品质民宿及服务岛（接待中心、餐厅）等配套

向往之地

设施使老达保成为休闲度假目的地，未来将形成"景迈山古茶林文化景观——老达保拉祜族传统文化村落"经典旅游路线。

多年来，老达保村民创造了一个又一个奇迹。老达保寨是个典型的拉祜族村寨，20世纪五六十年代，一部银幕经典《芦笙恋歌》，让人们知道了能歌善舞的拉祜族。"拉祜"是这个民族语言中的一个词，"拉"为虎，"祜"为将肉烤香的意思。因此，在历史上拉祜族也被称作"猎虎的民族"。拉祜族崇拜葫芦，传说，拉祜族的祖先扎迪和娜迪是从葫芦里走出来的。如果说音乐是一把吉他，那么老达保就是吉他的音乐。如果说音乐是一个葫芦，那么老达保就是葫芦的音乐。如果说音乐是一架天平，那么老达保在天平的左端，右端就是拉祜人对音乐的热爱和执着。寨子里无论男女老少都能歌善舞。他们擅长芦笙舞、摆舞、无伴奏合声演唱，但最擅长的是吉他弹唱，百分之八十的村民都会弹奏吉他，年龄最大的有七旬老人，最小的有求学的幼子。

吉他伴奏是老达保的经典节目之一，演出时不管男女老少，人人抱着一把吉他有规律地排队，伴着吉他引吭高歌。歌词丰富多彩、朴实纯真，歌声优美动听、气势磅礴，吉他声浑圆厚实、余音绕梁。芦笙舞和摆舞是老达保的传统舞蹈，也是他们的精神家园。表演时队形变幻无穷，不受环境、时间、人数的限制，少则三五人、多则几百人。人们踏地而舞，吹口便曲。芦笙舞以模仿动物的动作为特点，人们边吹着芦笙边跳舞。脚上动作有踮、跃、划、踢、跳、摆、转向等，把动物的行走、奔跳等动作模仿得惟妙惟肖。双手十指掌控着芦笙的音节，头部或仰或俯，仿佛拜天探路，又似向大地叩首。曲调时而细腻优雅，时而粗犷奔放，起起落落，抑扬顿挫，舞者如痴如醉，情感在优美曲调和豪迈舞步中得到升华。摆舞以敲击铓鼓为节拍，以效仿生产劳作、妇女针线活为舞蹈，结合节拍的快慢变化而翩翩起舞。从耕地播种到秋收冬藏、从纺线织布到缝衣制包无不展现得淋漓尽致，可谓神形兼备。

响篾演奏也是拉祜族古老的传统技艺之一，演奏时嘴唇呈"O"字形，左手捏着响篾柄端，把中间的发声舌横在 o 字中间，右手大拇指有节奏地扒击另一端，或哈气或吸气，用或进或出的气流控制响声的高低。扒击的快慢与哈吸气的节奏高度统一，曲调或疾或缓，或紧或舒。细听他们演奏的打猎曲，时而仿佛听见打猎队伍上山的脚步声，时而仿佛听见猎物蹿林的疾步声，时而仿佛听见猎狗追赶猎物时急促的呼吸声。再听他们演奏的恋爱曲，那曲调悠扬、温婉、清脆，时而仿佛听见花前月下恋人互述衷肠，时而仿佛听见清风竹篷在私言蜜语，陶醉在"阿哥阿妹情意长……"的心曲中，久久不舍别离。

如今，老达保人家家住进了崭新的吊脚楼，人人用上了手机、摩托，但是

老达保村新貌（来源：酒井乡组织委员殷娇）

向往之地

老达保村民俗歌舞展示（来源：酒井乡组织委员殷娇）

一把吉他，一个芦笙依然不离手，歌舞已经成为老达保人日常生活中的一部分。在他们的眼中每一次风吹草动都是音乐的动感，每一个飞禽走兽的姿态都是他们模仿的对象，每一个生产劳动的过程都是他们创造歌舞的源泉。久而久之，歌舞已经成了他们的精神力量，成了他们在艰辛生活中劳逸结合、谈情说爱的情感依托。听老达保的歌舞既有山一般的浑厚，又有水一样的柔美，仿佛是由青山绿水直接幻化而来的一般。热情洋溢的歌舞承载了老达保人太多对大自然的依恋和对生产劳动的热爱。对老达保人来说，歌舞不仅是他们精神情感的依恋，更寄托了他们对祖先迁徙史的怀念和对传统文化的守望。

第三章　民族团结一家亲

如今，老达保人已经习惯了既是农民又是演员的生活，当手持农具时他们个个都是地地道道的耕作农民，而当手握乐器时他们个个又都是出色的歌者舞者。老达保已经成为一种文化的符号、一种文化的载体、一种文化自信的象征。

老达保拉祜雅厄艺术团（来源：酒井乡组织委员殷娇）

向往之地

一、一把吉他的故事

老达保的房屋多是干栏式建筑，木头做柱子，竹子撑梁，再加上披瓦。每家每户都有一道竹篱笆，既是装饰品，也为了圈住自家的鸡鸭。在竹篱笆上、院子里、地埂上……你会发现好几把吉他。吉他是西洋乐器，为何一个深藏于西南边陲大山中的古老民族，会与吉他结缘呢？

58岁的李石开是李娜倮的父亲，他个子不太高，皮肤黝黑，脸上总挂着淳朴的笑容。李石开12岁就会吹芦笙，15岁学会唱拉祜族叙事长诗《牡帕密帕》。那年夏天，李石开从地里收工回来，在经过村小学时，一阵细腻而轻柔的声音传入他的耳朵，他被迷住了，脚步不由自主地朝那美妙而神秘的声音而去。村小学的老师将吉他递给李石开，他轻轻一拨，弥散开的神秘旋音一下子渗透了他的灵魂，也掀开了老达保这个拉祜村寨新的历史篇章。对吉他的痴迷让李石开忙里偷闲跑到小学，请老师教自己弹吉他。很快，他就能够用吉他弹唱拉祜族民间歌曲。民族音乐与西洋音乐的奇妙碰撞，让

第三章 民族团结一家亲

拉祜族作为直过民族，一跃千年。

李石开太想拥有一把吉他了，然而，这是一种奢望，他们生活实在是太贫困了，几年不添一件新衣服。1984年，既不识谱也不认字的李石开卖掉家里的一头猪，用60元买来了一把吉他开始练习。没过多久，对音乐有着天赋和热情的拉祜族村民，纷纷跟着他学起了吉他弹唱。就这样你传我，我传你，父母传

老达保村民俗歌舞展示（来源：酒井乡组织委员殷娇）

给儿女,丈夫传给妻子,哥哥姐姐传给弟弟妹妹……一年又一年,老达保这个远离城市的拉祜族山寨有了 200 多把吉他。老达保竟然形成了家家户户、男女老少弹吉他的局面。老达保人利用晚上的时间相聚在一起,弹吉他、吹芦笙、跳民族舞,他们感到无比快乐。

为了让拉祜文化传承下去,1990 年,李石开在寨子成立了文艺队,教寨子里的人唱歌跳舞。后来,县里开始挖掘拉祜文化,发现了老达保文艺队。在统战干事李才的带领下,老达保文艺队开始到各个乡演出。所到之处,受到热烈欢迎。李石开带着吉他走上了中央电视台、走进国家大剧院演唱。《快乐拉祜》唱响大江南北,获得了"一把吉他走四方,快乐拉祜美名扬"的美誉。

"现在,每年我有国家级非物质文化遗产《牡帕密帕》传承补助金 2 万元,文艺演出、开民宿客栈收入几万元;家里有土地,种茶、种甘蔗、种西瓜,养牲口,全家每年收入 10 万元左右。再过几天,我们就要种西瓜啰。现在这个日子满意、舒心了。"大家被欢快的吉他、芦笙的乐曲感染,开怀大笑起来。"云南省文明家庭"、普洱市"十大杰出青年"和"云南青年五四奖章"提名奖、"第十届全国五好文明家庭"、首届全国脱贫攻坚"奋进奖"、"全国民族团结模范奖"、"全国劳动模范奖"……一大摞获奖证书就放在李石开家客厅一侧的柜子里。

二、传奇女子李娜倮

老达保的主角是有着"拉祜山百灵鸟"之称的名叫李娜倮的传奇女子。作为大运会火炬手从成都表演归来的李娜倮,面对采访镜头侃侃而谈:一方面旅游业的发展能带动群众致富增收,让民族村寨不再闭塞;另一方面也可能会导致民族村寨逐渐商业化,民族文化受到多元文化的冲击。我们也在思考如何守住原生态的民族文化……

60多年前,著名音乐家雷振邦千里迢迢从北京到澜沧采风,为著名作家彭荆风的电影《芦笙恋歌》写出了广为流传的经典歌曲《婚誓》。60多年后,李娜倮——这个只上过小学,没有上过音乐学校,没有受过一天专业训练的拉祜农家妇女,凭着对本民族音乐的挚爱,创作出了《快乐拉祜》《实在舍不得》等40余首脍炙人口的民歌,培养民间艺人500余人,带头结成20多个"文艺队党员+群众"的帮带对子,用生动的歌舞宣讲好党的好政策。在她的带动下,老达保的乡亲一共写出了300余首歌。

生于1983年的李娜倮,因为家里穷,12岁就不再读书,她学会了吉他。16岁的时候,她学会了作词作曲。18岁,情窦初开的她和村里的小伙张扎思陷入热恋。白天,他们一起下地劳作;夜晚,他们背着吉他来到寨子中间的小广场上,在情歌声中享受爱情的甜蜜。也就是在这个时期,深深陶醉在爱情中的李娜倮创作了脍炙人口的《快乐拉祜》。

向往之地

相爱的日子如蜜一样甜美，但贫穷依旧如影随形。低矮的茅草屋、泥泞的道路……李娜倮不甘心，不想接受祖祖辈辈延续下来的贫穷。偏远闭塞、交通不便，又找不到合适的发展路子，老达保村民们烦恼不已，这也让张扎思产生了离开村子到外面闯世界的想法，两个人因而产生隔阂，随后他们便分开了。李娜倮深深爱着张扎思，她舍不得他。所以，她难过极了。她弹唱着欢快的歌曲，眼睛里却藏着忧伤，心里在流泪。后来，她写下了《真心爱你》这首歌。舒缓醉人的旋律、真诚动人的歌声让她挽回了爱情，张扎思回到了她身边，他们结婚了，并先后有了一双儿女。

老达保村是拉祜文化和非遗保存最多最为完整的地方，村寨有句流传甚广的话："拉祜族人会说话就会唱歌，会走路就会跳舞。"李娜倮还记得自己小时候，村里没有通电，村民们日出而作、日落而息，每当夜幕降临，家家户户拢起火堆，一家人围在火塘边，弹吉他、吹响

娜倮与扎思（来源：酒井乡组织委员殷娇）

篾、跳芦笙舞、跳摆舞，唱歌跳舞是唯一的娱乐方式。火塘边的歌声陪伴着李娜倮长大。她发现，拉祜族创世史诗《牡帕密帕》面临着成为"绝唱"的危险。经过多方寻找，李娜倮终于找到一位会完整演唱《牡帕密帕》的老人。她把老人请到家里，跟他学习演唱《牡帕密帕》，再教给其他村民。

2002年，在县委、县政府扶持下，酒井乡勐根村成立了老达保拉祜雅厄艺术团。李娜倮第一个报名加入，并积极动员村民加入。然而，村民反应冷淡，他们不相信唱唱跳跳日子就会好过起来。娜倮将村民组织起来，租了一辆大巴车，将他们带到版纳。当村民看到版纳的傣族人民兴高采烈地为游客表演节目，游客热烈鼓掌并高声叫好时，他们明白了娜倮的良苦用心。回到老达保后，102户村民参加了艺术团。他们白天下地干活，到了晚上，不顾劳累，点起火把开始排练节目。2005年2月，在县委、县政府的支持下，老达保人登上了中央电视台《魅力十二》的舞台。迈出拉祜文化走出大山的关键一步。从这一年开始，李娜倮便先后带着乡亲们去北京、上海、昆明等地，参加各类文艺晚会、开幕式表演，还到中央电视台《倾国倾城》《艺术人生》《民歌中国》《我要上春晚》等栏目演出，让全国的观众都能听到《快乐拉祜》。2006年，老达保村民小组被列为第一批国家级非物质文化遗产保护传承基地。"我会唱的调子像沙粒一样多，就是没有离别的歌，我想说的话像茶叶满山坡，就是不把离别说，最怕么就是要分开，要多难过有多难过，舍不得呦舍不得，我实在舍不得，最想么就是你再来，要多快乐有多快乐，舍不得呦舍不得，我实在舍不得……我实在舍不得……"李娜倮把《实在舍不得》唱到了每个即将离开老达保游客的心里，听者无不为之动容。

2013年6月，在当地党委、政府扶持下，李娜倮带头发起成立普洱市第一家由农民自发自建的文化公司——澜沧老达保快乐拉祜演艺有限公司，村民们以入股形式参与分红，并按照保护文化、挖掘资源、打造品牌、构建产业、促进增收的思路推进村庄发展。公司采用"公司+农户"的发展模式，让农民成为演员，实现了在家门口演出，既稳定增加了收入又不耽误农活。老达保村民

向往之地

上至 80 多岁的老人，下至 3 岁娃娃，都是演艺公司的演员，都能获得演艺收入。

作为勐根村党总支宣传委员，李娜倮经常学习党的政策、法规法律和农村的一些实用技术，带领党员、群众认真做好乡党委、乡政府和村"两委"安排的各项工作。多年来，她不仅向乡亲们宣讲政策，还义务担任村小学民族文化传承双语教师，培养民间小艺人 500 余人、"三培养"对象 18 人，把身边群众都变成了拉祜文化的传播者。在她的课堂里，总是少不了各民族孩子的欢声笑语。在产业项目开发中，群众不愿做的，她带头做；群众想不通的，她做思想工作；群众有疑问的，她示范做解答。在农业生产中，她示范种植高糖甘蔗基地 4 亩、无性系茶叶基地 6 亩，在取得成功经验后，无偿帮助村民推广种植甘蔗、茶叶等 1000 余亩，帮助村民户均增收 2 万元以上。"在共产党的帮助下，村民的生活越过越好，我们不能忘记共产党的恩情。"李娜倮把拉祜群众的心声创作成歌曲《感谢共产党》。

李娜倮在宣讲党的政策和精神（来源：酒井乡组织委员殷娇）

三、老达保的歌声为何越唱越红火？

多年来，"音乐村"的歌声为何经久不息、越唱越红火？首先是找到了一条正确的路子。自2013年开展扶贫开发工作以来，村委会从自身的民族文化资源优势出发，把民族团结进步与民族文化保护传承、民族特色村寨建设、扶贫开发、生态旅游相结合，立足实际，以民族团结进步为核心，以保护和传承民族文化为主线，以文化产业培育为龙头，探索出了一条农文旅融合发展的新路子。老达保确立"文化赋能，振兴乡村"发展道路，发掘传统文化助力乡村振兴。将传统民居、民间歌舞文化与乡村旅游、文创艺术相融合，依托拉祜族摆舞、拉祜族芦笙舞、牡帕密帕等资源，不断探索民间文化艺术之乡的发展，以民间文化艺术促脱贫，走出一条符合村情、具有特色的扶贫新路。特色村寨建设与扶贫开发、生态旅游与民间文化艺术的保护传承发展相结合，整合各类资金累计1000余万元，在老达保修建了原生态歌舞表演广场，完善了村寨基础设施，提升村寨的整体形象，引导群众按规划建设民居、民宿，在寨子周边可视范围种植经济林果和花木，将田园变景区，同时打造了非物质文化遗产传承馆及拉祜族民族民俗农耕文化的展示区，使老达保村寨的村容村貌有了明显改观。

老达保的歌声越唱越红火，关键在于唱响了创建民族团结进步示范进村这个主旋律。在创建民族团结进步示范工作中，一是以文化为抓手，促进各民族文化交流与发展。老达保就是立足于自身文化得以保存与传承这一实际，又结合周边多民族聚居的区位优势，积极开展形式多样的文化交流活动。有民族大联欢、芦笙舞教学、摆舞教学、双语教学，有现场演示纺线、织布制作过程。不论男女老少，大家都聚集于此，交流民族舞蹈、歌曲、传统手艺。村民小组在开展自身文艺活动的同时积极和临近村寨互相借鉴学习。各村寨参与到其中，将汉语、拉祜语、哈尼语融合，便于不同民族间的沟通学习，并积极推进双语宣讲，促进党的创新理论飞入寻常百姓家。就是在这样不断的学习交流中，老达保小组村民提高了对自身文化的认同感，小组的凝聚力增强，同时活动也加深了老达保与周围其他民族的感情，促进了民族大团结。二是着眼发展进步，大力发展民族文化特色旅游。在原有地理和人文资源基础上，老达保不断总结经验、挖掘提炼，吸纳外面的先进文化，在"党支部＋公司＋农户"模式下，依托民族文化资源和生态优势走上了乡村旅游发展之路，老达保的村民们成立了普洱市第一家由农民自发、自创的演艺有限公司——澜沧老达保快乐拉祜演艺有限公司，以"公司＋农户"的模式运营，打造了独具韵味的《快乐拉祜》——老达保拉祜风情实景演出项目。自2013年6月至今，老达保共接待游客13.85万余人次，完成就地演出930余场，实现群众分红375.1万元。三是讲好民族故事，弘扬民族文化。老达保村民自发组建了"老达保雅厄艺术团"、"达保五兄弟"组合、"达保姐妹"组合。他们先后受邀到中央电视台、国家大剧院等平台演出。尤其是李娜倮已经成为老达保最具代表性的名片。总之，老达保注重文化的精神滋养作用，注重发挥文化能人即非遗传承人的引领作用。文化的认同是最深层次的认同，也只有在文化的发展与交流过程中才能更好地促进各民族之间的团结。

老达保的歌声越唱越红火，离不开党建引领。老达保之所以有现在的村容村貌、文明乡风，归根到底是发挥了党建引领作用。老达保将党建与民族文化产业有机地融合在一起，演艺公司由党支部牵头组建。为了改善老达保党员人数少，文化层次低的状况，党支部通过"三培养"的方式，将11名民族文化传承人培养成党员,将 2 名党员培养成民族文化传承人,将 8 名综合素质高的党员培养为演艺公司骨干成员,回引 9 名青年优秀人才,真正做到了党支部说话有人听、办事有人跟。老达保组建党建宣传队,定期开展理论学习和民族文化传承,2021 年,老达保党支部被表彰为"全国先进基层党组织",老达保组入选普洱市干部教育培训现场教学点,党支部制定《老达保组村规民约》,村规民约将"听党话、感党恩、跟党走"作为内容纲要,对村民言行举止、环境整治维护、家风家教家训等内容进行规范和约定。建立党员联系户制度,每名文艺队党员联系 9 名民族文艺爱好者,结成 27 个"文艺队党员 + 群众"的对子,组建 1 支党建文艺宣传队,定期开展理论学习和民族文化传承,把社会主义核心价值观、中华传统美德、中华民族共同体意识、社会主义道德新风尚等写进歌词、编排为舞蹈,把党的政策法规、民族习俗、兴边富民政策等编排成群众喜闻乐见的小品。在党成立 100 周年之际,推动老达保群众登上第六届全国少数民族文艺汇演的舞台,老达保党支部以"支部 +"强化组织力,通过党支部牵头全方位为游客提供便利和服务,引导党员亮身份、亮承诺,带着党员干、做给群众看,带头示范开办农家乐、民宿,通过不断提升服务品质,让游客乘兴而来、满意而归。坚持"支部发动,党员示范带动",走一条"民族文化 + 乡村旅游"的致富路,将独具民族特色的资源优势转变为产业优势和经济优势,实现文化旅游产业兴旺。由原来的"贫困村"变成了远近闻名的"幸福村"。

老达保的歌声越唱越红火,利益分配机制很重要。多年来当地打造"党支部 + 公司 + 农户"的利益连接机制,通过党员带头传承挖掘民族文化、培育农文旅产业,齐心协力向着共同富裕的目标迈进。组织演出、利益分配、村庄建设等各个环节,群众参与的热情都很高。做大"蛋糕"的同时,还要分好"蛋糕"。演艺公司带动全村每户至少 1 人参加演出,演出收入占村民收入的五分之二左右。老达保的村集体、公司、合作社、农户形成发展共同体,村集体还对收益部分进行二次分配,用于设施维护、扶弱助学等公益事业。为保证演出质

向往之地

快乐拉祜（来源：酒井乡组织委员殷娇）

量，收益按村集体 2%、公司 18%、村民 80% 的比例分配。理顺政府、企业与村民之间的关系，强调村民的主体地位，提升其自我发展能力，让每个参与主体都能获益，才能高质量推进乡村振兴。

2017 年 6 月，云南省发改委、省住建委、省财政厅联合发布《云南省特色小镇创建名单》，确定澜沧酒井老达保乡村音乐小镇列入全省 80 个创建全省一流特色小镇。目前，县委、县政府正在建设一个以老达保为中心覆盖全村的哈列贾（HALEJA）乡村音乐小镇。老达保的明天将会更加美好。

四、边疆地区也能走向现代化

早在 2000 年 9 月,在对贵州样本深入研究的基础上,胡鞍钢教授代表中国科学院地学部提出一份题为《关于 21 世纪初期加快西北地区发展的若干建议》的报告,提出西部开发要有新的思路,投资于人,促进人的全面发展是西部开发最优先的、最重要的发展战略,是西部开发最核心的问题。他认为新世纪应实施"以人为本,社会发展优先"的新追赶战略,优先缩小知识发展差距和人类发展差距,制定能够有效缩小城乡发展差距、使广大农牧民切实受益的农村公共服务政策,加快促进各民族自身开放、发展变革以及融入世界现代文明的发展进程,努力消除人类贫困,促进人类发展,保护民族文化,以实现各民族的全面可持续发展。长期以来,民族地区发展的战略,基本上是"赶上汉族"的传统追赶战略,其主要特征是:第一,基本战略目标是经济增长优先;第二,实现经济追赶的主要途径是依靠国家投入推行资源开发导向型的传统工业化战略;第三,支柱产业选择具有明显的趋同化倾向;第四,民族政策保障机制倾向于单纯的经济扶贫。总结西部少数民族地区 50 年来的发展经验及教训,胡鞍钢认为,新世纪西部少数民族地区应确立"以人为本,优先加快社会发展"的新追赶战略,利用"生物多样性、民族多样性"的优势,建立区域性的本土化民族特色经济,力争在国际国内分工中取得更为有利的地位。只有以"保证民族生存与持续繁荣发展"作为最为基本的发展目标,注重"以人为本,优先加快社会发展"，切实扩大发展机会、增强发展能力，大力开发人力资源，保护民族文化，才能最终实现可持续发展。

20多年来，胡鞍钢主张的贵州发展路径的探索已成为中国贫困地区跨越发展的样板，也是世界贫困地区发展的样板。同样，面对没有工业文明、没有过度商业化开发的老达保村，面对所有人都公认的幸福指数极高的老达保人，老达保村的跨越发展充分说明边疆少数民族地区实施"以人为本，优先加快社会发展"的新追赶战略，是中国式现代化在经济欠发达的边疆民族地区最有效的实施途径。

2023年6月2日，习近平总书记在文化传承发展座谈会上将马克思主义基本原理同中华优秀传统文化相结合定位为"又一次的思想解放"，强调"第二个结合"让我们能够在更广阔的文化空间中，充分运用中华优秀传统文化的宝贵资源，探索面向未来的理论和制度创新。"第二个结合"是我们党对马克思主义中国化时代化历史经验的深刻总结，是对中华文明发展规律的深刻把握，表明我们党对中国道路、理论、制度的认识达到了新高度，表明我们党的历史自信、文化自信达到了新高度，表明我们党在传承中华优秀传统文化中推进文化创新的自觉性达到了新高度。"第二个结合"让马克思主义成为中国的，中华优秀传统文化成为现代的，让经由"结合"而形成的新文化成为中国式现代化的文化形态。

习近平总书记强调："在新的起点上继续推动文化繁荣、建设文化强国、建设中华民族现代文明，是我们在新时代新的文化使命。"要更好担负起新的文化使命，就必须坚定文化自信、坚持守正创新、秉持开放包容。文化在历史实践的基础上生成，也深刻影响历史的前进方向。历史自信与文化自信是中华民族赖以生存的民族信心的一体双面，想要进一步巩固当代中国人民的历史自信，发挥历史主动精神，必须在文化层面下功夫，增强中华民族的整体文化认同。要把文化自信融入全民族的精神气质与文化品格中，养成昂扬向上的风貌和理性平和的心态。开放包容始终是文明发展的活力来源，也是文化自信的显著标志。无论是对内提升先进文化的凝聚力感召力，还是对外增强中华文明的传播力影响力，都离不开融通中外、贯通古今。经过长期努力，我们比以往任何一个时代都更有条件破解"古今中西之争"，也比以往任何一个时代都更迫切需要一批熔铸古今、汇通中西的文化成果。老达保的发展说明非遗文化的产业化发展能激发民众对民族非遗文化的兴趣，加深对非遗文化的理解，增强对民族文化的认同感和自信心。非遗文化的产业化不仅在物质层面成为当地民众增收的重要路径，而且在精神层面提升了当地民众的幸福感。非遗演艺产业对中国经济转型具有重要意义，是提升文化自信、提高文化创造力的关键路径。

老达保村的红火是基层党建推动非物质文化遗产活化利用的缩影。老达保的成功关键在于通过"党支部＋公司＋农户"发展模式，成功打造了老达保快乐拉祜演艺有限公司这一文化主体，通过农文旅融合实现了乡村振兴，达到了共同富裕。"充满信心跟党走，我们共筑中国梦，幸福生活人人享，拉祜儿女齐欢唱……"悠扬的歌声在继续，歌曲不仅唱出了好心情，唱出了拉祜族的好日子，更唱出了中国式现代化的未来。

---

① 本章数据由酒井乡组织委员殷娇提供。

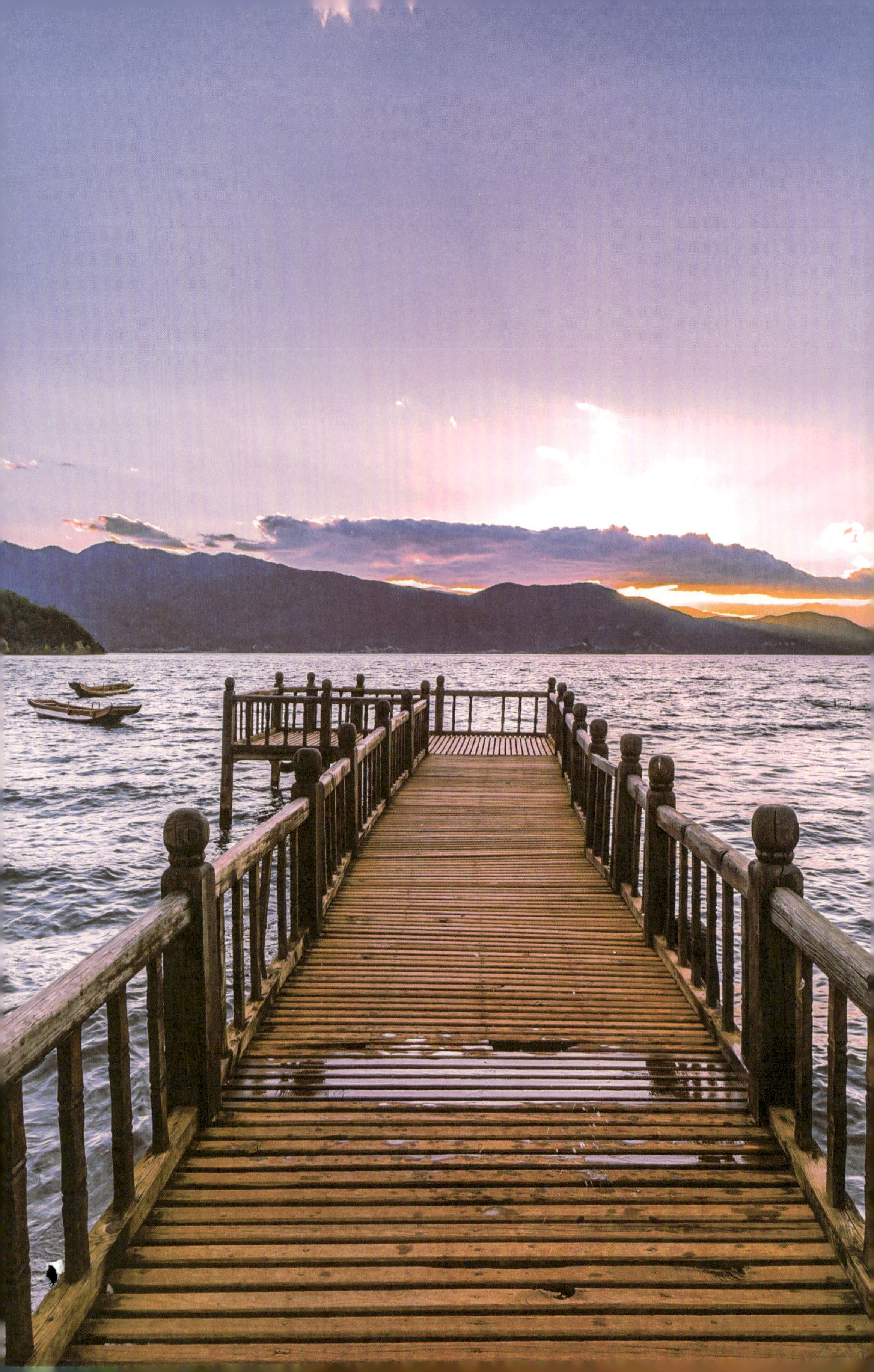

第四章

阿佤人民幸福歌

沧源，全国最大的佤族聚居县，是云南连接南亚东南亚的重要通道和门户。这里是中国最后一个原始部落之地，是神秘莫测的崖画之乡；这里是森林和河谷织就的一幅美丽画卷，是佤族人民用勤劳和智慧镌刻出的炫丽织锦；这里就是一步跨千年的秘境佤乡——沧源。

向往之地

"村村寨寨哎，打起鼓敲起锣，阿佤唱新歌……"20世纪60年代，一首《阿佤人民唱新歌》传遍大江南北，地处祖国边陲的佤族聚集地——沧源，由此进入了全国人民的视野。新中国成立后，党中央实施"直接过渡"政策，沧源佤族直接从原始社会末期过渡到社会主义社会，几乎一夜之间跨越了其他民族上千年的历程。在中国共产党的领导下，佤山人民秉持团结奋斗、负重奋进、自加压力、敢于争先的佤山精神，积极参与社会主义现代化建设，实现了从贫穷落后到全面小康的第二次历史性跨越，在思想观念、生活习俗、社会治理、经济发展、文化建设等方面均发生了天翻地覆的变化。1965年沧源县生产总值312万元，农民人均纯收入仅为60元。[①] 截至2022年，沧源县实现地区生产总值已达653096万元，是1956年的2000多倍。人均地区生产总值41166元，居民人均可支配收入达21062元。[②] 佤族人民摆脱贫困、过上好日子的伟大实践，证明中国式现代化是边疆民族地区繁荣富强唯一正确的选择。

沧源县城（来源：沧源县委党校）

---

① 肖江、关汪武：《沧源解放70周年经济社会发展综述：党的光辉照边疆 佤山沧源更璀璨》，搜狐网，https://www.sohu.com/a/322225927_120060501。

② 杨林、李红：《2022年沧源经济稳定恢复 总体向好》，沧源佤族自治县人民政府网，https://www.cangyuan.gov.cn/info/1023/63522.htm。

第四章　阿佤人民幸福歌

一、制度变革开新篇　民族团结展新颜

（一）一步千年——社会主义制度在沧源落地生根

新中国成立前，云南大地生活着不同的民族，其中一些民族仍然处于原始社会末期，如佤族、独龙族、德昂族、基诺族、普米族、阿昌族、拉祜族、布朗族、景颇族等。这些民族聚居区生产方式落后，生产力低下，社会发展滞后。新中国成立后，边疆少数民族地区的发展问题成为我党的重要课题。毛泽东、周恩来等老一辈无产阶级革命家对云南省委多次作出重要指示，提出了对民族地区"团结第一、工作第二"的工作方针及坚持"慎重稳进"的工作要求。云南省委、省政府按照党中央的要求，相继向边疆少数民族地区派出访问团、工作队、民族贸易队、医疗队等，采取"和平协商""直接过渡"，以及多予少取、只予不取、民族贸易"三照顾"等特殊政策，帮助各族群众解决生产生活中的困难和问题，疏通民族关系、消除民族隔阂，迅速在这些地区建立了基层组织和基层政权。

根据《沧源佤族自治县志》记载：到中华人民共和国成立前夕，虽然佤族已普遍过渡到封建领主制社会，但仍保持着很多原始农村公社残余。其时，沧源封建领主制经济形态主要表现为份田制、村社头人制、部落王制三种类型。[①]

[①] 沧源佤族自治县地方志编纂委员会编《沧源佤族自治县志》，云南民族出版社1998年版。

向往之地

新中国成立后，中共中央对边疆民族地区推行了区别于内地的社会主义改造的方针政策。在沧源佤族地区，主要采取和平协商，直接过渡到社会主义的方式，即废除了王子、头人及富裕阶层的特权，将土地全部收归公有，再调整给群众耕种。1949年5月初，沧源各族人民在中国共产党的领导下，推翻国民政府统治，沧源解放。同年10月，组建临时人民政府，驻地岩帅。1951年3月，成立沧源县民族民主联合政府，实现了临时人民政府向民族民主联合政府的过渡。民族民主联合政府的建立，为沧源社会改造创造了必要条件，为沧源佤族地区直接过渡到社会主义社会提供了必要的政治保障。1954年中共云南省委正式提出在部分边疆民族地区实行"直接过渡"政策，得到中共中央的支持和批准，按照云南省委的统一部署，沧源佤族地区采取了不划阶级，不搞土改，而通过办互助组、合作社的方法，发展生产，逐步消灭剥削，直接过渡到社会主义。到1956年社会转型的任务基本完成，乡、村基层政权的建立消除了民族压迫、民族歧视，形成了各民族平等、团结、互助的社会主义民族关系，沧源各民族从旧的社会制度直接过渡到社会主义制度，建立了公有制的社会经济形态。1964年2月，沧源佤族自治县第一届人民代表大会胜利召开，我国第一个佤族自治县——沧源佤族自治县正式宣告成立，实行民族区域自治制度，从根本上保障了佤族人民当家作主的自主权。1990年出台了《沧源佤族自治县自治条例》，为推进民族区域自治提供了法律保障。社会制度

沧源老县城（来源：沧源史志办）

的变革、社会主义制度的落地生根,为沧源社会主义现代化建设奠定了根本的政治制度基础,使中国式现代化在边疆民族地区绽放出绚烂的光彩。

(二)筑牢民族团结基石 立誓永远跟随共产党

1950年,沧源县隶属普洱专区,各民族间经济社会发展极不平衡,社会形态各异,历史上遗留下来的民族隔阂根深蒂固,民族之间和民族内部矛盾错综复杂,各民族及同一民族不同区域之间争斗不断,严重影响当地社会经济的发展,为了促进民族团结,党组织作了一系列艰苦细致的工作,筑牢民族团结基石,使各族群众团结奋斗,推动了社会稳定和经济发展。

1.《团结公约》的签订

岩帅大寨,历史上曾经是沧源县东部佤族地区的政治中心,贺南则是岩帅部落管辖下的一个部落,也是新中国成立初期党和政府开展工作最早的一个点。1952年4月,县委工作组进驻贺南,按照"宣传政策,团结头人,发动群众,发展生产"的方针积极开展工作,并在那里办起了沧源县第一所学校。通过一段时间的工作后,贺南头人李保惹对党的政策有了一些认识,思想觉悟有所提高,各项事务均向党组织汇报,不再向岩帅部落头人请示,从而引起了岩帅头人赵安民的不满。1953年1月5日,赵安民找机会策划杀害贺南头人李保惹。区政府工作人员发现端倪,将李保惹保护起来,岩帅头人赵安民带领手下,将李保惹围堵在岩帅区政府,声称"若不交出李保惹,就要将区政府踏平"。事件发生后,岩帅区政府副区长彭启良积极化解矛盾,并向县委、县政府报告事态进展情况。与此同时,贺南联络对岩帅统治有不满情绪的贺勐、班奈、班糯(今团结)等部落联手对抗岩帅,双方争斗一触即发,情况万分紧急。县委、县政府知晓情况后,紧急派工作人员到赵安民家召集各部落头人开会,传达县委指示，讲明利害关系，做好思想工作，劝说他们将围攻区政府的人撤走，避免了一场流血事件的发生。之后，县委书记徐志林带着公安队两名警卫战士赶到了岩帅区政府，分别召集岩帅头人和贺南头人开会，向他们宣传党的民族政策，促使双方进行调解。同年1月11日，县委召开由岩帅、贺南双方头人参加的调解会议。双方头人代表在会上发言表态，表示服从组织的调解，保证今后搞好团结，不再发生类似事件，并在会上当众握手表示团结。为使双方有共同遵守的文字依据，经与双方头人协商并同意，制定了《团结公约》，具体内容主要有四条：一是各民族都要听毛主席、共产党的话，热爱祖国，服从人民政府领导；二是各民族各部落之间要加强团结，互相尊重，互相帮助，和睦相处，不得歧视和压迫；三是民族各部落之间如发生纠纷或矛盾，要及时向政府报告，由政府出面帮助调解，不得扩大纠纷，不准组织武装械斗；四是各民族各部落要在人民政府的领导和帮助下，努力发展生产，逐步提高人民的生活水平。[①] 至此，岩帅与贺南的民族纠纷得以化解，两个部落的头人和群众加强了团结，互相往来探亲访友，通婚嫁娶，没有再发生过纠纷械斗。这是我们党的民族政策在基层的具体体现，正是我们党的民族政策的有效落实，筑牢了民族团结政治、经济、情感基础，为民族地区推进社会主义现代化建设打下了坚实的基础。

2. 民族团结誓词碑

1950年，中央决定从各边疆民族地区选派少数民族代表到北京参加新中国成立一周年盛典，以增进边疆人民对内地的了解和民族团结。云南少数民族代表的选派任务就由当时的宁洱专区负责。8月，宁洱专区接到中央关于组织普洱行政公署各民族代表团赴京参加国庆观礼的通知后，立即派澜沧县民族事务委员会工作人员李晓村来到岩帅做头人的工作。在岩帅头人、沧源县临时人民政

---

① 参见王敬骝编《佤山纪事》，云南民族出版社2007年版。

府县长田兴武的支持下，组织召开了岩帅各部落头人会议，商讨前往北京参加新中国成立一周年盛典之事。由于当时沧源解放不久，这些被选派为代表的少数民族头人对到北京参加庆典活动有着较强的戒备心理。一方面认为能被邀请到北京参加庆典大会是一件大好事，是毛主席和党中央对民族地区的关心；另一方面，又担心"被汉人欺骗，出去了回不来"，对参加庆典顾虑重重，犹豫不决。会议陷入僵局，整整开了一天半的时间。最后，班坝部落头人肖哥长说了一句话："政府的这种安排是好的，我们佤族也没有到过北京，没有见到过中央，我们老人不能去，可以派子女去吧。我决定派生（即肖子生）去，他去过内地读书，会说汉人的话，会写汉人的字。"听了肖哥长的话，田兴文也跟着说："是了嘛，我们去不了，可以派子女去，我也可以派一个孩子去。"① 就这样打破僵局，经过反复协商，沧源县最终选派了赵三保、田子富、田子明、赵正兴、魏文成和肖子生6个人作为沧源赴京参加新中国成立一周年庆典的代表。6人中除了魏文成作为沧源县临时政府勐省乡乡长带队外，其余代表都是岩帅各部落头人的儿子，最小的年仅14岁。由此，沧源县少数民族终于迈出了走向党中央、走向北京的第一步。对外界接触较少的各少数民族代表，在进京途中，开始用他们的眼睛、身体、头脑去观察、触摸和思考外面的世界。

在北京参加新中国成立一周年庆典期间，各少数民族代表受到了毛主席、周总理等党和国家领导人的接见，这极大地鼓舞了大家。佤族代表肖子生回忆说："看着眼前的情景，我激动得什么都不会说了，只知道不停地鼓掌、不停地掉泪。我们佤族世世代代从来没有人来过北京这么远、这么大的地方，也没有亲眼见过毛主席这样伟大的领袖人物，我们作为佤族代表真是太幸运了，感觉自己像是在做梦一般。"② 可以说，通过国庆观礼，代表们开阔了眼界，增长了见

---

① 王德强、袁智中、陈卫东编《亲历与见证：民族团结誓词碑口述实录》，社会科学文献出版社2018年版。

② 王德强、袁智中、陈卫东编《亲历与见证：民族团结誓词碑口述实录》，社会科学文献出版社2018年版。

向往之地

识，体会到党的民族政策的正确，消除了顾虑。结束了北京之行，代表们开始一路南下从天津到南京、上海、汉口、重庆，最后回到昆明，一路走来亲自体验了轮船、飞机、火车、汽车等现代交通工具，参观了钢铁厂等现代工业企业，从心理上认同了共产党，明白了中华人民共和国是各族人民自己国家的道理，树立起搞好民族团结的信心，坚定了听党话跟党走、努力建设社会主义国家的信念。正因如此，代表们抵返普洱后，在1950年12月27日召开的普洱区第一届兄弟民族代表会议上，拉祜族观礼代表李保提议用"剽牛""喝咒水"立誓的祭典仪式表示民族大团结，得到拉勐等代表的响应。根据代表们的建议，会议决定：普洱区各民族要团结起来，跟不跟共产党走，要按照佤族的习俗剽牛卜卦，若为吉卦，就喝咒水盟誓立碑。在宁洱红场上，按照佤族重大祭典习俗举行了剽牛仪式。1951年元旦，普洱地区26个少数民族（含民族支系）的3000多名群众齐集宁洱红场，参加民族团结盟誓大会，会场上举行隆重的镖牛仪式，镖枪刺向水牛后，水牛倒向吉祥的南方，佤族人民坚定了跟共产党走的信心。镖牛结束后，主席团代表及绝大多数在场群众都喝下了盟誓后滴有鸡血的咒水，表示要永远团结在一起，永远跟着共产党走，永远跟着毛主席走，哪怕是上刀山、下火海也绝不能变心反悔。之后，在地委书记、大会主席团主席的带领下一起宣读民族团结誓词："我们廿六种民族的代表，代表全普洱区各族同胞，慎重地于此举行了剽牛，喝了咒水，从此

民族团结誓词碑（杜琼 摄）

我们一心一德、团结到底，在中国共产党的领导下，誓为建设平等自由幸福的大家庭而奋斗！此誓。"最终，在红布上签名的一共有 48 位代表，后来普洱地委按照当时签名的原样连同"民族团结誓词"一起刻在了民族团结誓词碑上。

70 年来，民族团结誓词碑见证了云南各族人民在中国共产党的领导下，维护好民族团结，守护好神圣国土，共同团结奋斗、共同繁荣发展的伟大历史进程，也成为沧源佤族人民紧跟共产党、心向党中央，全面推进社会主义现代化建设的精神丰碑。

（三）从原始到文明的阶梯——基础设施建设

1. 沧源第一条水渠——岩帅联合大沟

1953 年，时任沧源县副县长的肖哥长提出在班坝寨开挖一条 40 公里的大水沟。当时开沟的条件很差，除了锄头，全寨只有 1 根炮杆，而且没有炸药。遇到岩石只能采取先用火烧，再泼水使之炸裂，再一点一点把碎石刨掉的原始办法。好不容易把沟修到岩丙与班坝交界的农且垭口，由于不懂测量技术，沟水流不过垭口。两次抬高沟头水位，改道再挖，仍然不行。直到 1955 年，缅宁专署派了水工队技术员前来帮助勘测，并在邻近岩丙、新华等寨群众以换工形式的大力支持下，才于次年修通了这条全长 40 公里的联合大沟。这是沧源解放后最早兴修也是全县最长的一条灌溉沟渠，开启了佤山群众团结互助，共同发展的进步新风尚。在联合大沟的影响和带动下，全县掀起了农田水利建设的高潮。岩帅区先后兴修了贺南新寨大沟、下班奈大沟、和平大沟等全县有名的大沟，先后开出了上万亩梯田。该区的建设村后来成了全国有名的"农业学大寨"先进单位。

2. 缩短通往文明的时空距离——沧源第一条公路

解放前，沧源只有几条狭窄的古驿道能通向外界，境内主要依靠一些晴通雨阻、弯多道险的马帮驿道，以人背肩扛和马驮的方式来完成交通运输。1957年10月，沧源县委、县政府研究决定，采取"民办公助"的办法修建一条从勐省到沧源县城的公路——勐沧公路。11月，全县动员组织了1000多位民工，分成12个施工队，分段同时施工。然而，在施工过程中，由于当地群众不知汽车为何物？在"有心人"的蛊惑之下，"汽车是怪物，会把小孩吃掉""公路修通后，汉人会把老人拉去做肥料"等谣言盛行，造成群众思想极度恐慌，严重影响了施工进度。县委、县政府及时在群众中加强科学宣传，做群众思想工作，让群众认识到公路修通后的好处，并且领导干部带头挖土运土，撬石滚石，与民工一起奋战在工地现场，由此，消除群众不安心理，鼓舞了士气。在物资紧张、施工条件恶劣、民工生活十分艰苦的条件下，县委、县政府动员大量民工，经过4个月的艰苦奋战，战胜了疾病和恶劣环境等重重困难，共开挖石方201652立方米、土方262869立方米，耗资156万元，不但养护了沧源勐省至南撒29公里毛路，且修通了南撒至勐董33公里新路。①1958年11月17日，勐沧公路通车典礼隆重举行，沧源佤山及勐沧沿线人民沸腾欢呼，在"毛主席、共产党，领导佤山得解放……领导我们修公路，带给佤山幸福多……"的歌声中载满盐巴、大米、生活用品、生产工具及其他物资的汽车驶进了沧源。勐沧公路连通了沧源与临沧、昆明，缓解了交通运输拥挤的状况，打开了临沧走向外面世界的通道，极大地影响和改变了沧源几千年封闭的社会形态，缩短了通往现代文明的时空距离，进一步加强了边疆民族地区与内地的联系和交流，拓展了边疆民族地区的发展空间，同时，打开了几千年来禁锢阿佤人的思想大门，极大地调动了佤族人民群众的积极性并提

---

① 李洁：《沧源佤族地区百年社会变迁》，云南大学博士学位论文，2021。

升了建设佤山的责任感。勐沧公路的开通结束了沧源没有公路的历史，开启了沧源公路建设的新纪元。20 世纪 70 年代中期以后，全县掀起了开挖交通公路热潮，至 1978 年底全县公路里程达 218.68 公里。至 1982 年，沧源修建公路里程 569 公里，平均每平方公里密度为 0.24 公里，400 多个农业生产合作社通了汽车。①

1958 年开通的勐沧公路（来源：沧源县史志办）

3. 沧源第一个水电站——勐董水电站

1963 年，中央批准于 1964 年 2 月 28 日成立沧源佤族自治县。为自治县的成立解决县城用电问题，县委、县政府决定在县城附近建一座水电站，而且这个水电站必须在 1964 年 2 月 10 日前建成。

1963 年 10 月 8 日，经过前期勘探设计，勐董水电站建设全面开工。当时参加水电站建设的佤族、傣族、拉祜族、彝族等 400 多名民工，集聚到水电站工程建设指挥部，拉开了勐董水电站建设的序幕。为了加强技术指导，提高民工

---

① 李洁：《沧源佤族地区百年社会变迁》，云南大学博士学位论文，2021。

的技术水平和生产能力，县委、县政府从大理请来了支砌浇灌的技术工人。水电站的拦河坝、引水渠道、压力前池、动力厂房等工程全面开工。水电站建设中，民工们的积极性空前高涨，南撒佤族民工魏岩保、新华民工肖赛茸等人，苦干加巧干，一人一天开挖水渠土方18立方米，创开挖工作最高纪录；勐董傣族民工贺炳为使拦河坝支砌浇能按质按量完成，16个小时泡在坑内进行人工排水。①刘家业作为整个水电站建设的技术员，既是各工种的指挥者、示范者，又是整个水电站机电设备的安装调试操作者。水电站动力渠道的设计渠道沿线的渡槽及涵洞的施工，砂浆、混凝土的拌制，石方的支砌等都由他做示范，教会佤族、傣族工人，再由他们进行实践操作。经过140多天的艰苦奋战，装机容量75千瓦的沧源第一座水电站——勐董水电站，于1964年2月2日建成送电，保证了县城和沧源佤族自治县成立大会顺利召开的供电，从此结束了沧源阿佤山无电的历史。

在当年交通不便、物资匮乏、资金短缺、技术落后的情况下，沧源边疆民族地区建成这样一座水电站极为不易。这既是各级政府重视支持的结果，也是全县各族群众团结奋斗、共同努力的结果。勐董水电站的建成发电、供电，在解决了县城各机关、农村、驻军等单位照明用电的同时，还解决了县农机厂、粮油加工等生产动力用电。人们看到电在生产生活中的巨大作用，大大激发了全县各族人民建设和发展社会主义事业的积极性。

（四）文明的跨越：从"刀耕火种"到现代产业的初步构建

到1978年，沧源县已经建立了相对完整的国民经济体系，工业、农业、商业、交通运输、邮电通信等各项事业实现了从无到有、从低级到高级的历史迈

---

① 刘家业：《阿佤山的小水电》，搜狐网，https://www.sohu.com/a/322650255_100021362。

进。全县工农业生产总值 1743 万元，其中农业总产值 1481 万元，工业总产值 262 万元；财政收入 106.9 万元；财政支出 430 万元。①

1. 从原始农业到传统农业的转型

沧源解放后，虽然从原始社会末期一步跨越到社会主义社会，但其生产方式仍然延续"刀耕火种"的耕作方式，"种了一大坡，收获一土锅"是一种普遍现象。为了推进沧源农业产业的发展，各级党委、政府坚持"团结、生产、进步"的方针，大力扶持佤族人民发展生产，在推进生产关系变革的同时，引导、支持各佤族村寨兴修水利、开垦荒地，大抓农田基本建设，推广使用新型农具和先进生产技术，引进优良品种，培植经济作物，发展多种经营，使佤族人民的种植方式得到根本性的改变，生产力迅速发展。在农作物种植种类上，已由旱谷、水稻、玉米等比较单一的品种发展为水稻、旱谷、玉米、小麦、大豆、高粱、小米、小红米、荞麦、马铃薯、红芋、大麦、豌豆、蚕豆等多个种类；在耕作制度方面，已由一熟制发展为一熟制与二熟制并存和复种形式，旱地、水田一般为一熟制，少数中海拔地区也有二熟制；在耕作方法上，从以"刀耕火种"和"挖犁撒种"等粗放型耕作为主的原始农业，逐步发展为以精耕细作为主的传统农业，新型农具、病虫害防治技术等现代农具和技术也得到推广和使用，沧源农业实现了新的转型和发展。1965 年粮食总产达 3102.5 万千克，农业总产值达 554 万元，农民人均纯收入达 60 元，农民人均口粮 321 千克。②

---

① 沧源佤族自治县老区建设促进会编《沧源佤族自治县革命老区发展史》，云南人民出版社 2020 年版。

② 沧源佤族自治县老区建设促进会编《沧源佤族自治县革命老区发展史》，云南人民出版社 2020 年版。

2. 现代工业的初步创立

沧源佤族自治县成立初期，只有极少数的零星分布于乡村的农民家庭小手工业，主要生产土锅、土碗、土缸等初级生活用品。1954 年，县粮食局在勐角粮管所建立大米加工厂，沧源首次出现国营工厂。1957 年，县手工业联合社和民贸公司相互配合建立了铁业、皮革、缝纫、砖瓦等一批集体所有制性质的小型工业企业，从而形成了国营、集体和个体工业并存与发展的局面。1958 年在"大跃进"的影响下，掀起了大办工业高潮，新建了一批国营工厂和区乡工厂，原办的集体手工业合作社也改建为国营工厂。1961 年，根据中央提出的"调整、巩固、充实、提高"的八字方针，对全县的工矿企业进行整顿治理，对不具备国营性质的工厂实行关、停、并、转，县级仅保留铁业、缝纫、砖瓦、陶器、皮革等集体工业企业。1963 年底，全县拥有包括农具社、造纸社、建筑社、皮革社等集体所有制的手工业社(组)10 个。1964 年沧源佤族自治县成立后，县委、县政府坚定贯彻执行党中央制定的"调整、巩固、充实、提高"八字方针，对农业合作化和工业建设的规模进行了调整。为加快沧源手工业和建筑业的发展，根据省委指示精神，先后从临沧、祥云、下关、昆明等地招募汉族技术工人 300 余人到沧源。沧源的社会经济各项事业出现了协调发展的局面。1965 年工业总产值达 77 万元，地方财政总收入 41.1 万元，财政总支出 162.4 万元。[①]1974 年后，工业企业发展趋于稳定，但速度缓慢。到 1978 年，沧源县已经建立了相对完整的国民经济体系，工业、农业、商业、交通运输、邮电通信等各项事业实现了从无到有、从低级到高级的历史迈进。

---

① 沧源佤族自治县老区建设促进会编《沧源佤族自治县革命老区发展史》，云南人民出版社 2020 年版。

3. 现代商业和服务业的初步构建

解放初期，沧源仍然是一个自给自足的小农经济社会，并没有现代意义上的独立于农业的商业，交易货币缺乏，以物易物是其主要的交易形式。沧源县人民政府成立后，坚持贯彻"发展经济、保障供给"的财贸工作总方针，不断推进商业贸易工作。1953 年建立了国营贸易组，成立了贸易公司，1954 年建立起勐省、勐角、岩帅贸易组和南腊小额贸易点。为进一步加强商业贸易发展，沧源县从内地调入大批干部，并从民主改革积极分子中吸收了一批民族干部，充实加强商业队伍，建立了各专业经销公司和供销社及下属购销组（点）。到 1957 年，商业机构达 41 个，工作人员 208 人，私营商业达 215 户。同年，各专业经销公司和供销社合并为民族贸易公司，基层供销社改建为中心商店。由此，在沧源地区初步构建起具有现代特征的商贸流通体系。到 1965 年，全县商业机构网点达 55 个，从业人员 523 人；社会商品零售额达 531 万元，国内纯购进总值达 119 万元。①

在商业贸易发展中涌现了全国有名的"班洪四大嫂"先进典型。1965 年，一家隶属于沧源佤族自治县班洪公社班洪中心商店的国营饭店兼旅馆——班洪饭店成立。由罗灿玲、李秀玲、武国馨、李帮秀 4 位平均年龄 40 岁的大嫂负责经营。饭店建设初期，仅有 6 间破烂的茅草房，店里缺锅少碗，没有餐桌椅子，仅有一口由 3 块土坯支着的大铁锅，根本不具备开饭店的条件，更不用说开办旅馆。一开始，4 位大嫂工作积极性不高，不能安心于饭店的服务工作，驻地的解放军知道后，他们就经常到饭店组织几位大嫂学习毛主席关于为人民服务的文章。通过反复学习和领会毛主席为人民服务的思想，"四大嫂"转变了思想观念，端正了工作态度。在极其艰苦的条件下，不等不靠，依靠自身力量开荒种

---

① 沧源佤族自治县老区建设促进会编《沧源佤族自治县革命老区发展史》，云南人民出版社 2020 年版。

向往之地

蔬菜，圈圈养肥猪，在解决饭店食材问题的基础上，还为国家提供了大量的肉、蛋和蔬菜，使饭店有条不紊地经营起来。在经营饭店的过程中，她们时常帮助过往旅客。"四大嫂"不等不靠、自力更生、艰苦奋斗，全心全意为人民服务的精神，感动了境内外的过往旅客，赢得了广大顾客的好评。

班洪四大嫂（来源：沧源县委党校）

1970年8月10日，武国馨代表"班洪四大嫂"光荣地参加了全国商业工作会议，并登上天安门城楼参观了新中国成立21周年庆典。

班洪四大嫂（来源：今日临沧）

1970年10月9日,《人民日报》以题为《红太阳照亮了深山小店》的文章,报道了班洪饭店"四大嫂"的事迹,从而在全国掀起了"向班洪饭店学习"的热潮,发起了"工业学大庆,农业学大寨,服务行业学班洪四大嫂"的号召。

"班洪四大嫂"的感人事迹是沧源人民在现代化建设中,自力更生、艰苦创业,乐于奉献、乐于助人思想的真实写照,是阿佤人民不畏艰难、艰苦创业的佤山精神的体现。

4. 现代通信事业迅速发展

1948年之前,沧源无邮电通信机构。1948年12月9日,云南省邮政局为满足沧源设治局通信联系需要,通知镇康邮政局在沧源的岩帅设邮政代办所,开始办理沧源至内地信函和汇兑业务,但因故一度中断。新中国成立后,于1953年7月24日成立县邮电局。1969年11月,邮电局分设邮政局和电信局,电信局划归县武装部领导,邮政局划归县革命委员会领导。1973年8月1日,邮政局和电信局合并,恢复原来的隶属关系。沧源县邮电局成立后,电话线穿越边疆山山水水,邮递员走遍佤山村村寨寨。到1978年后,全县11个乡(镇),93个村(办)已全部开通了电话,并由过去的老式手摇交换机发展为数字程控电话机,可进行国际国内长途直拨。邮电通信业的发展大大加强了沧源与外界的联系,使沧源的发展更具开放性和现代性。

这一时期,在党的光辉照耀下,沧源各族人民化干戈为玉帛,团结互助,在社会主义现代化建设的艰辛探索过程中,取得了令人瞩目的成绩。但是,由于起点低、基础差、底子薄,与全国其他地区相比,沧源仍然面临着社会发育程度低、综合经济实力弱、农业生产水平低、工业化程度不高、基础设施建设滞后、市场发育程度低、人民群众生活总体水平低等一系列问题。

（五）现代教育体系的初步构建大幅提升了佤族人口素质

佤族人民在自己漫长的历史长河中，没有形成自己的文字，没有专门的教育机构和教育人员，人们以刻木结绳记事，以实物作为传情达意的媒介。教育在佤族地区并未成为一种专门的、独立的社会活动，而是融合在生产活动和社会生活之中，主要以家庭教育为主，通过长者和能者言传身教及自身实践锻炼，来获得生产劳动和社会生活中的经验。真正规范的现代教育体系是新中国成立后才逐渐形成和发展起来的。新中国成立后，党和政府十分重视边疆佤族地区的学校教育，从制定规划到划拨经费建学校、再到积极动员适龄儿童入校上学，付出了极大的努力。1951年在岩帅大寨办起了沧源解放后第一所民族小学，1952年6月前，班洪小学、勐角小学、民良小学相继开办，为佤山的教育发展奠定了基础。1957年，沧源南腊小学首届高小学生毕业，他们成为沧源历史上首批具有高小文化程度的人，对沧源的发展起到了积极的推动作用。1958年7月，创办了沧源第一所初级中学——沧源中学，改变了只有极少数土司、头人的子弟才能到外地获得中学教育的情况，为更多的佤族孩子提供了更高一级受教育的机会，这在沧源教育史上具有非常重要的意义。到1978年，沧源县有各级各类学校278所，在校生22648人，专职教师817人。其中，小学269所，在校生18325人，专职教师670人；中学8所，初中教学班98个、在校生3644人，高中教学班10个、在校生425人；初级职业中学1所，在校生254人。[1]教育事业的发展从整体上提高了佤族人民的素质，为佤族社会经济文化的发展进步奠定了基础。

---

[1] 沧源佤族自治县老区建设促进会编《沧源佤族自治县革命老区发展史》，云南人民出版社2020年版。

二、改革开放育新机　城乡建设换新貌

1978年12月，党的十一届三中全会召开，拉开了中国改革开放的序幕。改革开放40多年来，沧源各族人民在党的光辉照耀下，历届县委、县政府领导班子团结带领全县各族人民，坚持以经济建设为中心，大力推进改革，积极扩大开放，经济社会各项事业取得了辉煌的成就。

（一）完善基层政权组织，不断推进基层民主制度现代化

1984年沧源县对"三级所有，队为基础"的政社合一体制进行改革，原11个公社党委改为11个区和1个镇，全县设12个区（镇）党委。1988年3月，基层体制再次进行改革，原11个区、1个镇改为8个乡、3个镇，永和区与勐董镇并为勐董镇，其中勐角乡为傣族彝族拉祜族民族乡。2000年，全国开展村级体制改革，实行村民自治。这是中国基层民主政治改革的一大进步和具有里程碑式的成果，制定和修改的《中华人民共和国村民委员会组织法》《云南省村民委员会选举办法》从根本上改变了我国农村的管理形式，实现了村民当家作主。沧源县这次改革工作涉及11个乡（镇）、90个村（办）、789个社、27739户、127263人。[①]

---

① 沧源佤族自治县老区建设促进会编《沧源佤族自治县革命老区发展史》，云南人民出版社2020年版。

2000年10月，全县村级体制改革全面结束，自此，村级由原乡（镇）领导下的行政组织，变为受村党支部领导和乡（镇）政府指导的村民自治组织，村"两委"班子结构得到优化。2003年3月，勐董、白塔、永和三个村民委员会改为社区居民委员会，开始实行城市社区基层居民自治制度。2010年至2012年，先后在勐省镇和平村、勐董镇坝卡村、勐角乡勐甘村开展了农村社区试点工作。通过改革，在实行民主选举，民主决策、民主管理、民主监督的自治权落实上迈出了坚实的步伐，村民自治工作基本走上了制度化、规范化和常态化，为农村的有效治理奠定了坚实的群众基础和制度保障，推进了沧源基层民主制度的现代化进程。

（二）以改革开放为契机，不断推进经济现代化

党的十一届三中全会后，沧源与全国其他地方一样，全面推进农村经济体制改革和大力发展多种经营，建立了以家庭承包经营为基础，多种所有制经济共同发展的基本经济制度。但由于沧源社会发展水平低、发展起步晚，全县不仅贫困面广，且贫困程度深，农村基本处于吃粮靠返销，穿衣靠救济的状况。据统计，至1985年，全县工农业总产值仅达3433万元，农民人均纯收入135元。根据当时云南省确定的贫困线，沧源实有贫困人口10.02万人，占全县总人口的81.7%。[1] 为了有效解决沧源贫困问题，促进民族地区发展，在中央、省、市各级各部门的关心和支持下，针对沧源农业基础设施薄弱，社会生产力落后，交通不发达，工商业发展滞后，文教卫生事业发展严重不足，人民缺吃少穿、缺医少药，以及缺籽种和农具等情况，对沧源执行了区别于内地的工作方针，财政上先后实行了"只给不要"和"少要多给"的财政供给政策。1980年沧源被

---

[1] 《披荆斩棘拔穷根——沧源谱写脱贫攻坚绚丽篇章》，搜狐网，https://www.sohu.com/a/328183746_100021362。

列为全国经济不发达的受援县之一，享受国家发展资金扶持，当年国家拨给沧源资金 300 万元；1986 年，经国务院审定，沧源被列为全国特困县之一，享受中央的专项扶贫贴息贷款；1999 年沧源被省委、省政府确定为解放战争时期革命老区县，享受革命老区县的优惠政策；2001 年被国务院确定为国家扶贫开发重点县；2012 年纳入连片特困地区滇西边境山区扶贫规划。在国家政策的支持下，沧源农业现代化、工业现代化、商业现代化均获得较快发展。到 2000 年全县地区生产总值达 37818 万元，[①] 比 1978 年的 2104 万元增长约 17.97 倍。

1. 从传统农业到现代农业的跃升

1978 年后，在党的改革开放政策的指引下，沧源县委、县政府积极调整生产关系，推动生产承包责任制改革，完成了"两山一地"的划定，明确了山权、林权和自留山自主权。1982 年，全县推行家庭联产承包责任制，集体土地均按农户人口分配给农户承包，确保完成国家任务和上交集体提留粮、款，农户的土地不得买卖或转让，不得放荒。完成第一轮农村土地承包，全县签发土地承包合同 761 份。随着土地承包到户，原合作社的果园、茶园等经济林地也随之承包到户，农村家庭联产承包责任制的实行使农民获得了生产经营自主权，使生产力得到进一步解放，极大地调动了农民群众的积极性，促进了全县农村经济持续、快速的发展，人民的物质生活得到明显改善。1983 年，全县农业总产值达 1941 万元，粮食总产量达 4.27 万吨，创历史新高，多数地区摘掉了缺粮的帽子，联产承包责任制的效益较为突出。2007 年 5 月，启动农村集体林权制度改革，均山到户，全县林地面积 230.03 万亩，确权 193.34 万亩，[②] 农村家庭联产

[①] 云南省人民政府办公厅、云南省统计局编《云南领导干部经济手册》，云南科技出版社 2013 年版。

[②] 沧源佤族自治县老区建设促进会编《沧源佤族自治县革命老区发展史》，云南人民出版社 2020 年版。

承包责任制由耕地延伸到林地，农村改革进一步深化。经过努力，到2012年，沧源县已形成了以竹子、甘蔗、茶叶、香蕉、林果、畜牧等为主导的一大批各具特色的区域特色农业优势产业，推动了全县现代农业化的进程。

2. 现代工业企业进一步发展壮大

1978年，沧源县有工业企业38个，工业总产值262万元。党的十一届三中全会后，沧源的工业企业迎来了第一个快速发展时期，先后建起水泥厂、茶厂、白糖厂、金矿、电站等中小型工业企业。同时，沧源县抓住1986年被确定为国家扶持的特困县的机遇，兴办乡镇企业，使得沧源工业产业得到较快发展。到1998年，全县共有乡镇企业2400余个，总产值达6000余万元，是1978年的32倍，占全县国民生产总值的40%以上。与此同时，积极推进以承包经营为主的国营企业改革，落实和扩大企业经营自主权。国营企业作用有所加强，到1990年，国营工业企业发展到17个，产值975.4万元，占工业总产值的49.84%。[①]2002年后，在公司制改制的基础上，实施"国退民进"。一方面，初步建立产权明晰、管理规范的现代企业制度；另一方面，积极推进招商引资工作，大力发展非公经济，全县工业进入了全新的快速发展时期，全县工业企业不断发展壮大。到2012年，全县工业增加值达到6.72亿元。[②]

3. 商贸服务业迅速推进

党的十一届三中全会后，沧源县开始推进商业体制改革。特别是1981年5月中央召开全国民族贸易和民族用品生产工作会议以后，沧源县委、县政府加强了对民贸工作的领导，进一步深化商业管理体制改革，实行经营承包责任制，

---

① 本部分数据由沧源县统计局提供。
② 云南省人民政府办公厅、云南省统计局编《云南领导干部经济手册》，云南科技出版社2013年版。

推动构建以国营企业和集体商业为主、个体商业为辅的多渠道商品流通体制，建立集贸市场，恢复和发展边境小额贸易，培育和发展个体商业，提高农副产品收购价格，降低部分支农工业品的销价，增加网点商业。在改革、开放、搞活方针指导下，沧源民族贸易得到较快发展。到1987年，具有实体店的经商户、经营资金由1983年的45户、18.9万元，发展到540户、65.9万元。进入20世纪90年代，在全国社会主义市场经济快速发展的大背景下，沧源民族贸易也迈出了新的步伐，呈现一派欣欣向荣的景象，商业贸易网点遍布全县每个角落。到1992年，全县商业国内纯购进总值达2000万元，是1964年的18倍，社会商品零售总额5080万元，是1964年的11倍，实现利润74万元。[①]2004年沧源县完成对国营、集体的商业改制。到2008年，全县除1户粮食收储企业保留国有性质外，已无国营、集体商业。到2012年，沧源县第三产业增加值已达7.62亿元。[②]快速发展商贸服务业极大地活跃了沧源市场，为沧源人民带来了众多现代化日用工业品，改善了沧源人民的生活条件。同时，也将沧源县的特色农产品销往其他地方，推动了沧源与外界的经济往来，密切了边疆民族地区与内地的关系。

4. 扶贫开发托起人民幸福

沧源县的扶贫开发工作始于20世纪80年代。1985年，中共沧源县委根据中共中央和省、地区的通知要求，对全县的贫困状况和贫困人口分布情况进行全面调查统计，结果显示：1985年末，全县总户数21799户，其中农业户18656户；总人口133265人，其中农业人口122626人；农民人均纯收入135元，口粮

---

① 杨国光、李尧华：《从山间马帮到贸易大楼——前进中的沧源佤族自治县民族商业贸易》，《民族工作》1994年第2期。
② 云南省人民政府办公厅、云南省统计局编《云南领导干部经济手册》，云南科技出版社2013年版。

229.5 公斤；贫困人口 10.02 万人，占全县总人口的 81.7%。[1]1986 年 7 月，沧源县成立了扶贫开发工作领导小组及其办公室，开始有专门机构推进扶贫开发工作。1986 年 12 月 12 日，沧源县被确定为全省 26 个国家级重点贫困县之一，享受国家专项贴息贷款的扶持。1994 年沧源县开始实施国家"八七扶贫攻坚计划"，扶贫开发工作随之发生了深刻的变化，由道义性扶贫向制度性扶贫转变，由救济式扶贫向开发式扶贫转变，由扶持贫困县向扶持贫困村、贫困户转变。同时，贴息贷款、以工代赈和发展资金三大扶贫项目投放的扶贫资金大幅度增加。从 2001 年开始，沧源开始实施《中国农村扶贫开发纲要（2001—2010 年）》，扶贫工作重点与瞄准对象又作了重大调整，扶贫工作重点放到贫困村。扶贫对象主要瞄准贫困村，扶贫资金覆盖到贫困村、贫困人口，同时，注重发展贫困地区的科学技术、教育和医疗卫生事业，强调参与式扶贫，以村为单位进行综合开发和整村推进。通过这一时期的扶贫开发，沧源贫困人口大幅下降，城乡面貌发生了巨大变化，为新时代精准扶贫奠定了坚实基础。

---

[1] 沧源佤族自治县老区建设促进会编《沧源佤族自治县革命老区发展史》，云南人民出版社 2020 年版。

三、时代奋进开新局　铺展幸福新画卷

党的十八大以来，沧源县深入学习宣传贯彻落实习近平新时代中国特色社会主义思想、习近平总书记给沧源县边境村老支书们的重要回信精神，把"建设好美丽家园、维护好民族团结、守护好神圣国土"作为根本遵循，全面推进"三好示范县"建设，唱响了新时代阿佤人民的幸福之歌。

（一）披荆斩棘拔穷根　佤山走上小康路

2011年，国家颁布了《中国农村扶贫开发纲要（2011—2020年）》，这一农村扶贫开发工作纲领性文件的颁布，对进一步加快贫困地区经济社会发展，实现到2020年全面建成小康社会目标具有重要意义。2014年6月，沧源县开始对贫困户实行建档立卡管理，对扶贫开发工作中长期存在的贫困人口进行精准扶贫。县委、县政府牢记习近平总书记"小康路上，不让一个兄弟民族掉队"的嘱托，把脱贫攻坚作为边境直过民族摆脱绝对贫困、赢得跨越式发展的重大机遇，牢牢把握"两个原生态、一条边境线"的县情特点，努力破解基础设施、产业发展、文化旅游、内生动力、基层办事能力、集体经济六大制约发展难题，闯出了一条边疆直过民族地区摆脱绝对贫困的成功路子。

向往之地

1. 基础设施得到全面提升

2012 年，临沧市启动"佤山幸福工程"，对沧源县的 8000 多户农村危房实施改造。工程根据农户不同需要，设计了 9 种具有佤族、傣族、彝族民族风格特色的户型，让少数民族同胞告别了低矮潮湿的茅草房、杈杈房，住进了砖混结构楼房。2014 年以来，沧源县累计完成危房改造 21477 户；实施建制村通硬化道路 717.77 公里，实现全部硬化通畅，自然村全部通达，80.66% 建档立卡户有入户水泥路；实施农村饮水安全巩固提升项目 121 件，农村居民饮水安全得到全面保障；实施农村电网改造 94 个项目，实现 10 个乡镇、93 个建制村、644 个自然村 100% 通电。出行靠牛背马驮、饮水靠竹筒提取、照明靠煤油点灯等现

茅草房和小康房（来源：沧源县史志办）

象彻底退出历史舞台，特别是佤山机场等重大基础设施的建成，使沧源实现了由闭塞边疆到开放前沿的华丽转身。

2. 产业发展实现新突破

结合脱贫攻坚实际要求，沧源县大力发展壮大产业，全县一二三产业均获得突破性发展。从农业产业来看，以 245 个农民专业合作社为载体，让每名建档立卡贫困人口至少加入到一个专业合作社中，采取"公司＋专业合作社＋基地＋贫困户"等模式，构建县、乡、村三级合作社产业体系。推进建成特色产业基地面积达 213.98 万亩。2019 年，全县提质增效核桃 8.3 万亩、坚果 7.2 万亩，建立 4 个竹子试验基地 2000 亩，建成"黄金叶"高端品牌核心原料基地 2.2 万亩。[①] 以脱贫攻坚为抓手，打造了芒卡沃柑、班洪辣椒等新兴产业种植基地，推出了班老"佤鸡"、勐来"佤蜜"等一批特色产品。加快养殖产业发展，建成肉牛规模养殖场 12 个、生猪规模养殖场 16 个，生猪养殖产值达 3 亿元以上。完成农林牧渔业增加值 13.43 亿元，增长 5.5%。[②]

龙乃村肉牛养殖基地（来源：勐董镇办公室）　　坝卡村贝贝瓜（来源：勐董镇办公室）

[①] 关汪武、王云东：《沧源：开启绿色工业化发展新征程》，搜狐网，https://www.sohu.com/a/385904508_100021362。

[②] 同上。

从工业发展来看，县委、县政府积极引导茶叶加工业，根据产业发展合理布局，提升茶产业开发程度和产业整体效益。针对煤矿、水电、铅锌矿等资源型企业，坚持市场主导与政府调控并举，优化资源配置，促进企业绿色、循环、生态发展。鼓励支持企业在生产销售过程中实现数据信息化，减少中间环节，推动工业信息化深度融合发展，提升企业发展实力。截至 2019 年末，全县有工业企业 247 个，完成全部工业增加值 7.24 亿元，拉动全县 GDP 增长 1.61 个百分点，上交税金 1.02 亿元，占全县税收总额的 37.5%，[1]全县工业对经济社会发展的拉动力持续增强。从文化旅游产业来看，沧源坚持走民族文化与旅游产业深度融合发展推进脱贫攻坚、推进经济转型升级之路。司岗里摸你黑狂欢节、佤族新米节、沧源国际佤族音乐节等节庆活动越来越受到游客的认可和欢迎；翁丁原始部落、崖画谷等 3 个 4A 级景区创建工作有力推进，建成了勐卡傣族风情村、芒黑古村落、嘎多月亮古寨等一批传统村落。文化旅游产业已成为沧源实现全面建成小康社会，实现跨越发展目标的核心支柱产业。

3. 集体经济得到有效提升

在推进精准脱贫过程中，沧源县始终坚持把发展壮大村级集体经济作为抓基层、打基础的重要抓手，出台了《沧源佤族自治县强基惠农"股份合作经济"收益纳入村组干部绩效的分配办法（试行）》，鼓励从集体的经营性收入中拿出一定资金作为村干部、村"两委"委员、组干部和村各大员的绩效，使村干部月收入最高达 3000 元，村"两委"委员、组干部和村各大员每月收入最高达 1000 元，有效调动了村组干部发展集体经济和干事创业的积极性。采取盘活山林土地等集体资源增收一批、用活结余资本入股分红一批、整合项目资金与专

---

[1] 关汪武、王云东：《沧源：开启绿色工业化发展新征程》，搜狐网，https://www.sohu.com/a/385904508_100021362。

业合作社或大户合作分享收益一批、以每个建制村100万元产业发展资金为依托发展实体产业增收一批等方式，抓好集体经济收入。通过努力，沧源已全面消除了村集体经济"空壳"村，全县93个建制村（社区）集体经济收入均达5万元以上。截至2022年，全县集体经济收入总量达3421.035万元，有9个村（社区）集体收入在百万元以上。①

4. 发展自主意识得到新增强

沧源把感恩教育作为激发群众摆脱绝对贫困的重要抓手，深入开展"自强、诚信、感恩"和"党的光辉照边疆，边疆人民心向党"主题教育，从"算好惠民政策账、基础投入账、产业发展账、个人贡献账"和对比改革开放前后"吃什么饭、走什么路、穿什么衣、住什么房"的鲜明对比中，激发贫困群众热爱党、热爱祖国、热爱边疆、热爱家乡的情怀，凝聚起感党恩、听党话、跟党走的高度共识。在此过程中，沧源县将50%以上的县级部门领导干部下派到基层开展遍访贫困村贫困户、提升人居环境行动等活动，与贫困群众同吃同住同劳动，从怎么刷牙理发、怎么穿衣叠被、怎么整理家居物品等最基本的生活常识入手，通过手把手教、面对面传，群众自我发展脱贫的意识明显增强。

通过全县干部群众的共同努力，到2019年，沧源县累计脱贫11627户43258人，累计脱贫退出5个贫困乡（镇）、67个贫困村，贫困村退出率达100%，贫困对象全部清零，贫困发生率由27.5%降至零。②2020年，沧源县与全省同步进入全面小康社会。

---

① 关汪武：《沧源发展壮大村集体经济》，临沧市人民政府网，https://www.lincang.gov.cn/info/1028/385062.htm。
② 《脱贫路上阿佤人民再唱新歌》，《临沧日报》2020年9月24日。

（二）我们都是收信人　不负嘱托谋发展

2019年，沧源县67个贫困村、4万多贫困人口全部脱贫后，班洪乡、班老乡9个边境村的10位老支书给习近平总书记写信，汇报佤族人民摆脱贫困、过上好日子的情况，表达了世世代代跟着共产党走、把家乡建设得更加美丽富饶的坚定决心。2021年8月19日，习近平总书记给云南临沧市沧源县边境村10位老支书回信：

云南省沧源县边境村的老支书们：

你们好！读了来信，了解到脱贫攻坚给阿佤山带来的深刻变化，感受到了阿佤人民心向党、心向国家的真挚感情，我很欣慰。

你们都是老支书，长期在边境地区工作生活，更懂得边民富、边疆稳的意义。脱贫是迈向幸福生活的重要一步，我们要继续抓好乡村振兴、兴边富民，促进各族群众共同富裕，促进边疆繁荣稳定。希望你们继续发挥模范带头作用，引领乡亲们永远听党话、跟党走，建设好美丽家园，维护好民族团结，守护好神圣国土，唱响新时代阿佤人民的幸福之歌。

请向乡亲们问好！

习近平

2021年8月19日

跨越千山万水的寄信与回信，奏响了伟大领袖与临沧各族人民心心相印、息息相通、一往情深、同舟破浪的新时代进行曲。

第四章 阿佤人民幸福歌

老支书们收到习近平总书记回信（来源：沧源县委办公室）

老支书们传看习近平总书记回信（来源：沧源县委党校）

一封回信，体现了"佤山北京紧相连、领袖人民心连心"的深厚情感，凝聚了边疆人民强边固防，共谋发展的信心和决心。给习近平总书记写信的班洪、班老乡9个边境村的三翁、三贵、俄松、三木嘎、尼红、赛金、岩翁、岩团、三木水、岩板10位老支书，从20世纪七八十年代就担任村党支部书记，有的任职长达30余年。他们在长期的生产实践中，见证了在党中央的坚强领导和习近平总书记的亲切关怀下，阿佤人民实现"千年跨越"的伟大成就。他们怀着爱党爱国的忠诚赤子之心,发扬"不等不靠、自力更生、艰苦奋斗,全心全意为人民服务"的精神,带领群众兴修农田水利基础设施,大力推广农业科技知识,提升农业产业发展水平,促进农民群众增产增收,用自己的双手创造属于自己的美好生活,彰显了佤山儿女永远听党话、跟党走、感党恩,建设好美丽家园,维护好民族团结、守护好神圣国土的决心和信心。收到回信后,老支书胡赛金经常说:"党怎么说,我们就怎么干。过去我们阿佤人民的日子过得很艰苦,没有中国共产党就没有我们今天的幸福生活。"老支书陈忠华说:"10年来,在中国共产党的领导下,中华大地处处发生着惊天动地的变化。作为一名党员,我感到骄傲和自豪。我也将继续努力,跟大家一起,建设好美丽家园,维护好民族团结,守护好神圣国土!"老支书三翁说:"一定要牢记习近平总书记的嘱托,建设好我们的幸福家园。"收到回信两年来,沧源各级干部群众以"我们都是收信人"的自觉,开展了"党的光辉照边疆,边疆人民心向党""心向总书记、心向党、心向国家""争做一辈子的好支书""学回信、感党恩"等系列教育实践活动,激发了干部群众建设幸福家园的磅礴力量。

(三)接续奋斗凝共识 唱响佤山幸福歌

正当沧源县完成脱贫攻坚任务,在实现"第二次千年跨越"基础上,满怀激情向着新的目标前进时,突如其来的新冠疫情扰动了沧源县现代化建设的节奏,使其工作重点被迫转向疫情防控。尽管如此,沧源人民在习近平总书记回信精神的鼓舞下,一方面,积极做好疫情防控,推进强边固防;另一方面,持续推动沧源经济社会发展,唱响佤山幸福歌。

1. 筑牢强边固防"铜墙铁壁"

在实践中总结实施了"五个三"一线工作法,切实把党的组织优势、组织功能、组织力量转化为强边固防的强大合力,全力打造党建引领强边固防"新高地"。一是坚持"党建+边境段长、党建+联防所长、党建+网格长",凝聚一线合力;二是做到强化理论学习、强化教育培训、强化示范引领,筑牢一线思想堤坝;三是实现组织建设到位、作用发挥到位、联防联控到位,建强一线工作基础;四是抓实"强边固防示范村"创建工程、现代化边境小康村建设工程、集体经济强村工程,巩固一线工作成效;五是落实在一线培养干部、在一线培养党员、在一线培养骨干,汇集一线建设人才。通过"五个三"一线工作法的推进实施,极大地提高了沧源边境一线强边固防工作效率,形成了"辛苦我一人,平安千万家。舍小家顾大家,用忠诚守望万家灯火""守好国门就是守好家门""放牛也是放哨,耕田也是巡逻"的共识,构建起全方位强边固防新格局。

2. 接续奋斗绘就新画卷

完成脱贫攻坚任务后的沧源县,从田间地头到秀美村庄,一幅幅农业生机勃发、农村和谐稳定、农民幸福安康的景象展现在人们眼前。脱贫攻坚成果与乡村振兴有效衔接,特色产业优势凸显。2022年,沧源县橡胶种植面积达13.3万亩,实现总产值5256万元;有种菜专业户1314户,种植蔬菜3.8万亩,农业产值9000万元。农村集体经济快速发展,93个村(社区)集体经济收入总量达3421.035万元,各村(社区)均达10万元以上,经营性收入总量达2556.785万元,各村(社区)经营性收入均达5万元以上。脱贫户和监测对象人均纯收入达15216元,同比增长16.6%。现代化边境幸福村建设稳步推进,6个边境乡(镇)、23个沿边行政村(社区)、167个自然村通畅率达100%;完成农村饮水巩固提升工程230件,有效灌溉率达48.45%,农村自来水普及率达99.3%;新建5G基站126个,实现县城、各乡(镇)政府及村委会所在地5G网络全覆盖。目前,23个边境行政村(社区)全面对标达标,建成达标型

向往之地

村庄117个、提档型村庄20个、示范型村庄30个。①一批"小而美、小而干净、小而宜居"的美丽宜居边境村庄镶嵌在沧源147.083公里边境线上，成为一道道亮丽的风景线。

上龙乃村及其夜景（来源：勐董镇办公室）

---

① 本部分数据由沧源县统计局提供。

第四章 阿佤人民幸福歌

龙乃村：沧源县勐董镇下辖行政村，与缅甸接壤，拥有3.9公里边境线，是典型的抵边村。经过边境幸福村建设，如今的龙乃村已改变了"脏乱差"的形象，在各项政策的支持下，家家户户拆除老房盖起新屋，纵横交错的土路全部得到硬化，村道干净平坦，环境整洁美丽，房前屋后蔬菜瓜果环绕。2021年，村集体经济收入超过10万元，农村常住居民人均可支配收入达1.36万元，群众获得感、幸福感得到显著提升。

永和新村（来源：勐董镇办公室）

永和国门新村隶属勐董镇永和社区，距沧源县城14公里，距离边境沿线0.3公里，距离永和口岸0.6公里，与缅甸掸邦第二特区勐冒县绍帕区隔桥相望。永和国门新村以党建引领村寨建设，稳步推进基层治理，共建现代化边境幸福村，在民房建设、环境美化、亮化等方面充分结合佤族民族风情，统筹民房建筑风貌和色彩，与周边的山、水、建筑相匹配，推进居住、服务、旅游、商贸等功能一体化建设，形成吃、住、游、休闲、办公融合发展态势，呈现一幅"一寨观两国，远眺金三角，遥望公明山"的美好乡村旅游画卷。

3. 夯实基础绘就新蓝图

如今的沧源，经济实力进一步加强。2022年，沧源县实现地区生产总值65.31亿元，比2019年的47.71亿元增长17.6亿元；城镇居民人均可支配收入34218元，比2019年的28848元增长5370元；农村常住居民人均可支配收入14637元，比2019年的11513元增长3124元；巩固拓展脱贫攻坚成果，全县社会消费品零售总额达22.98亿元，比2019年的13.8亿元增长9.18亿元。[①] 全县外贸进出口总额达到13.58亿元，比2021年增长116.4%。如今的沧源，基础设施进一步完善：2021年，全县公路总里程达到4646.4公里，实现行政村村村通硬板路，建制村通畅率达100%，自然村通畅率达90%，自然村硬化路建设里程1276公里。建成东丁水库等一批中小型水库，完成农村饮水巩固提升工程230件，集中供水率达98.7%。全县广播电视信号覆盖率达100%，建制村实现光纤网络、4G信号全覆盖、动力电全覆盖。如今的沧源，生态建设持续向好：通过实施天然林保护、退耕还林、防护林体系建设、陡坡地生态治理等，全县森林

---

① 根据《云南领导干部经济手册》中2022年与2023年相关数据测算。

覆盖率稳步提升，达到75.43%，①生态环境质量明显提升，西南生态安全屏障进一步筑牢，先后荣获"全国生态文明先进县""中国特色竹乡""全国绿化模范县""全国村庄清洁行动先进县"等殊荣。如今的沧源，社会事业蓬勃发展：通过实施"两免一补""义务教育均衡发展""农远工程""薄改项目""教学点数字教育资源全覆盖项目"，接受教育不再是佤山群众遥不可及的梦。截至2022年，全县有各级各类学校（含进修学校）177所，其中，幼儿园78所（含民办幼儿园5所）、小学有85所、中学10所（含高完中1所）、九年一贯制学校2所、职业高中1所、进修学校1所。②

沧源县不断深化医药卫生体制改革，2022年，全县共有医疗卫生机构132个。其中，医院3个，有公立医院2个、民营医院1个，为群众"病有所医"奠定了良好基础。同时，实现养老保险全覆盖和加快农村敬老院、居家养老服务中心建设，让群众"老有所养"。千方百计促进稳岗就业，2022年，全县新增城镇就业3015人，帮助就业困难人员实现就业642人，完成农村劳动力转移就业65780人。登记失业人员775人，城镇登记失业率3.56%。③

在党的光辉照耀下，沧源人民一代接着一代干，为实现现代化的新沧源奠定了坚实的基础。边疆人民心向党，展望未来，沧源各族干部群众将继续深入贯彻落实习近平新时代中国特色社会主义思想，贯彻习近平总书记重要回信精神，绘就更加绚丽的现代化新画卷，唱响新时代阿佤人民的幸福之歌。

---

① 字学林：《临沧沧源：实现千年跨越　唱响阿佤新歌》，"今日临沧"微信公众号，https://mp.weixin.qq.com/s?__biz=MzI3OTQzMjUzNQ==&mid=2247684123&idx=2&sn=9781a2cc16d2e5fe5d02219cbde24fa5&chksm=eb4b8c23dc3c0535d2bc41e19cccd-36d67d70f82a23328a35b95450592f0360c979754a2c379&scene=27。

② 《沧源佤族自治县2022年国民经济和社会发展统计公报》，沧源县人民政府网，https://www.cangyuan.gov.cn/info/1057/71912.htm。

③ 同上。

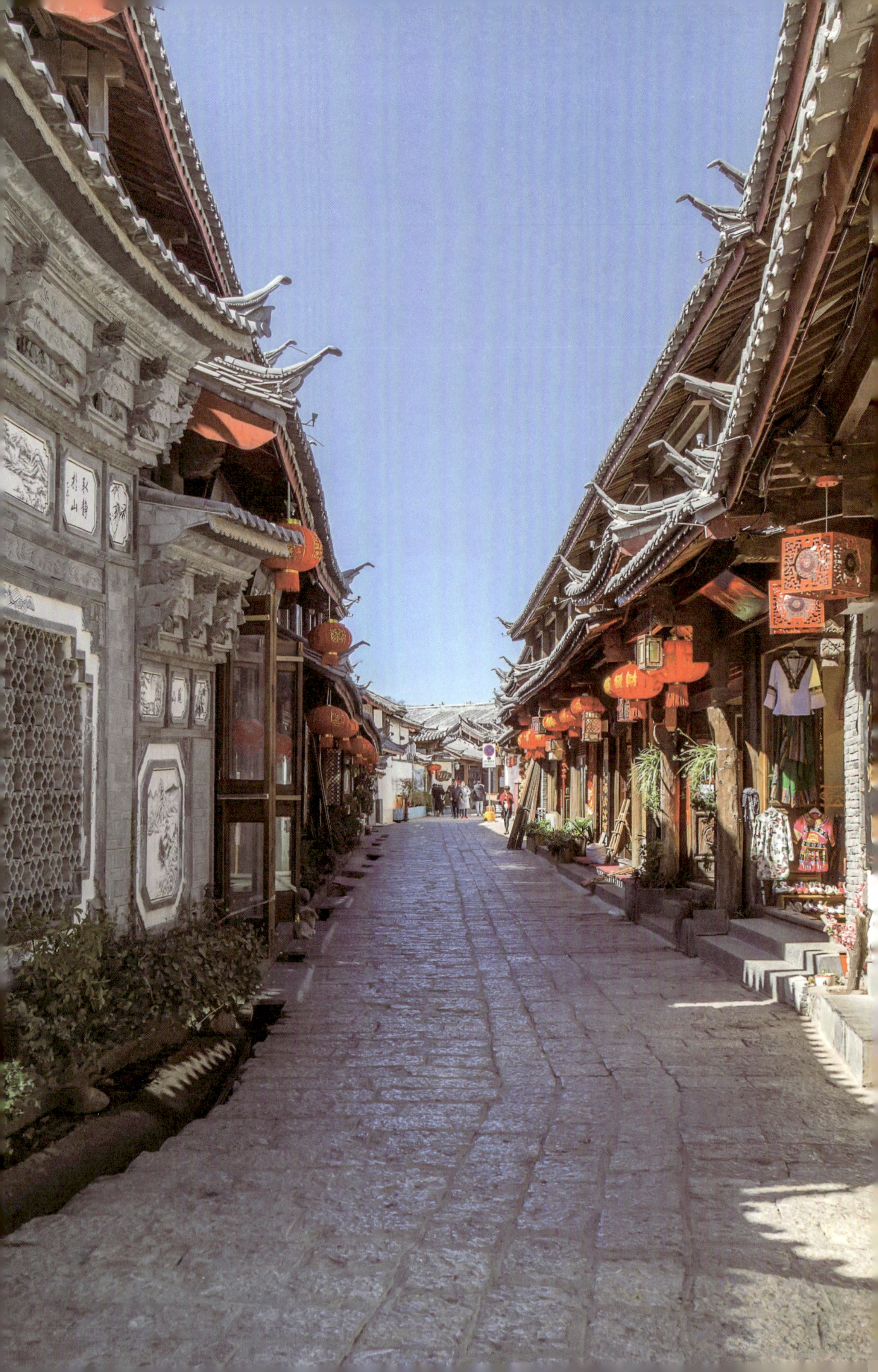

第五章

向着幸福前行的司莫拉

在郁郁葱葱的夏日，从腾冲市区去往清水镇三家村距离约13公里，沿山势而上，沿途姹紫嫣红，绿树成荫，不时有三两成群的游客沿旅游步道缓行。穿过层层绿荫，中寨司莫拉佤族村（以下简称司莫拉）就到了。蓝天白云，山清水秀，鸟语花香，茶园、竹林、古榕树群、涌泉、龙塘、梯田、湿地、水车等田园风光如诗如画、惹人心醉。

向往之地

走进古朴的村落，民族文化活动广场、民俗文化陈列馆、寨心桩、木鼓屋、司莫拉礼堂、民俗墙绘等各种特色鲜明的人文景观映入眼帘。走进村民李发顺家的小院，梁上双燕叽叽喳喳，庭院里的几盆花开得正艳。李发顺指着廊下摆放的四方桌说："这张方桌就是两年前（编者注：2020年）习近平总书记来我家时用的。"拉过火盆，放好铁丝网，李发顺夹起准备好的大米粑粑放在火上烤，印着"福"字的粑粑冒着热气，米香扑鼻。

2020年1月19日，这个特殊的日子在不经意间来临。习近平总书记走进司莫拉，了解乡村振兴和少数民族特色村寨建设情况。他来到李发顺家，一一察看客厅、卧室、厨房、卫生间、猪舍等，了解居住环境。随后，他在院子里同李发顺一家制作当地节日传统食品大米粑粑，并聊起家常，详细询问李发顺一家脱贫情况。习近平总书记指出，乡亲们脱贫只是迈向幸福生活的第一步，是新生活、新奋斗的起点。要在全面建成小康社会基础上，大力推进乡村振兴，让幸福的佤族村更加幸福。

打起鼓，敲起锣，阿佤人民唱新歌。3年多来，腾冲市牢记习近平总书记的殷殷嘱托，着力打造乡村振兴示范区，将司莫拉成功创建为国家4A级景区，其先后被评为中国美丽休闲乡村、云南省民族团结进步示范村。司莫拉幸福佤乡建设入选2021年云南省乡村文化振兴示范项目，稳稳托起了佤村"幸福梦"。如今，司莫拉有佤族、汉族、白族、傣族、彝族、景颇族6个民族73户298人，其中佤族245人。① 这里的历代村民崇尚自然，爱水敬树，勤劳朴实，能歌善舞，用心用情描绘人与自然和谐共生的美丽画卷。以李发顺为代表的村民们甩掉"贫困帽"走向幸福小康的历程，也是司莫拉走向中国式现代化巨变的过程。

---

① 《腾冲中寨司莫拉佤族村：守护绿水青山 发展生态产业》，新浪网，https://cj.sina.com.cn/articles/view/2130981932/7f04342c02701vfdl。

一、原始而神秘的世外桃源

相传,保山地区的佤族居民的祖先源于先秦时期云南境内的濮人。《山海经》、《竹书纪年》和《国语》中都有"僬侥"这个族称的记载。《后汉书》也记有"永昌郡徼外僬侥种夷内附",而"僬侥"与佤族自称"巴饶"的语音很相近,有研究考证其所说的正是散居在保山地区的佤族人。辗转几次,在西汉年间族人迁至腾冲,终于找到了一个没有战争,团结和谐,适合生存发展的地方。传说,其中一位先祖头人名叫"司莫拉",当时他看见族人过得非常艰辛,于是便带上弓弩和砍刀,挂着酒葫芦,离开家乡去为族人寻找能够幸福生活的地方。司莫拉沿河而上射死鱼怪,救出美女绯娘绷,两人结为夫妻,生了七个儿子。他们所居住的地方,美丽如画,村落依山而建,山川秀美、梯田婉约、竹林掩映、阡陌纵横、庄稼旺盛,散发着远古佤山的原始气息。多少年来,佤族人与其他民族群众世世代代共同守护着这块美丽的土地……

久而久之,腾冲的佤族祖先分流迁入腾冲清水镇地区,与当地汉族融合形成现在的中寨,即司莫拉。为了纪念先祖"司莫拉",后代族人便以他的名字为这个地方命名。"司莫拉"翻译成汉语就是"幸福的地方"。据老人们推算,500多年前此地就形成较为稳定的佤族聚居村落,后来形成的赵、孟、李、金四大姓氏中,最早迁于此地的李氏家族如今也有300多年历史。

司莫拉至今还保留着祭寨、祭拜树神、婚丧嫁娶等民俗。佤族人爱水,寨

向往之地

中水流不息；佤族人敬树，村里古榕成片；佤族人能歌善舞，每逢节日广场上热闹非凡。象征着谦和与善良的牛头图腾随处可见，表现佤族人民生活场景的彩色壁画生动逼真。佤族人在这方山水里繁衍生息，汲取山水之精华，采撷土地之芳香，融入人间草木里，让最质朴、最美好的生活气息一直氤氲在村寨的上空，保留着一幅纯净的人文生活画卷。

绿意盎然的司莫拉（来源：保山广播电视台）

二、贫困曾是司莫拉的代名词

虽然司莫拉意为"幸福的地方",但早些年这里的村民并不幸福,贫困曾是司莫拉的代名词。由于历史原因,加之自然条件差、基础设施落后,很多佤族群众长期生活在贫困中。查阅撰写于1952年2月的《腾冲县卡拉族典型村中寨调查材料》得知,70年前的中寨村共有佤族28户133人,均从事农业生产,生活贫困。在28户村民中,只有1户人家的口粮够吃11个月,其余的均不超过7个月,还有3户属于无粮户。中寨佤族同胞每人只穿一身土布单衣,且多是补丁满身,有棉被盖的只有2家。全村仅有5人识字,小孩子五六岁就得上山摘山果野菜,终年没有时间也没有钱去读书。"看寨不是寨,茅草垒成堆;夏恐屋漏雨,冬怕寒风吹"是昔日中寨的真实写照。[①] 多年以来,这个村寨常年居住人口以留守老人为主,最少时只有200人左右。村民主要靠种植水稻、玉米、油菜和外出务工维持生计,年人均收入不足千元。到2014年,全寨72户304人中,还有建档立卡贫困户16户71人,贫困发生率23.4%,村民年人均可支配收入仅4600多元,仍然是一个远近闻名的贫困村。[②] 年近70岁、土生土长的佤族村民

---

① 《去腾冲中寨司莫拉村:感受不一样的网红村》,云南网,https://baijiahao.baidu.com/s?id=1665923536067169082&wfr=spider&for=pc。
② 《蜕变与坚守:走进云南幸福村》,新华网,http://www.yn.xinhuanet.com/20230727/e47f11f94cd04ea3976020aa74b9efcc/c.html。

赵家熬对此深有感触。他说："过去的日子那叫一个苦啊！最难的时候，饭不够吃、衣不够穿。雨水天出不了门，寨子里的泥巴路就像滑坡一样，摔跤是家常便饭。道路不通，别说起房建屋的材料运不进来，就连生个病都看不了啊。"腾冲市政协委员赵家芳也感慨地说："尤其是交通出行方面，司莫拉地处半山腰，以前村里村外都是土路，晴天一身灰，雨天一身泥……我们村人均水田仅有一亩多，粮食产量低，大部分村民靠外出打工谋生，我家以前也是。"当地村民还表示，以前的寨子杂物乱堆，垃圾乱扔，生活污水随意排放、顺坡流淌，加之旱厕露天、家禽散养，一到夏天臭味刺鼻，苍蝇、蚊子到处飞。俗话说"靠山吃山，靠水吃水"，在农村，农民基本靠种地吃饭。但在司莫拉，人均水田占有量仅 1.3 亩。不仅量少，而且分布零碎，耕种起来十分不便。"土地零碎、人均耕地面积少；缺技术，产业发展上不去，是导致司莫拉贫穷的主要原因之一。"村党支部书记、村委会主任赵家清说。

贫穷，抑或天灾人祸，曾一度让部分村民愁容满面。建档立卡贫困户李发顺家的故事就是一个缩影。因为家里穷，他初中毕业就辍学外出打工。由于没有专业技能，只能做些粗活，泥水匠、洗矿工……啥都干过，但最终还是没能摆脱贫穷的束缚，日子并不好过。天有不测风云，2010 年春节前，一场突如其来的车祸，导致李发顺严重颅内损伤，在医院里躺了两三个月，不仅花光了家里所有的积蓄，还欠了 4 万元的外债，这让原本就困难的家庭雪上加霜。出院后，李发顺的四肢只有右胳膊能动。"当时医生说他可能一辈子都站不起来了。"李发顺的妻子杨彩芹说。为防止肌肉萎缩，她每天都会用绳子绑着李发顺，一步一挪地帮他练习走路。"坚持了 3 年多后，他终于丢掉了拐杖，但依然不能干活。"杨彩芹说。为了养家糊口，她只能四处打工，洗碗、当服务员、进工厂……"最难的时候，每个月领了 2000 块的工资，只敢给自己留 50 块的生活费，其余全部寄回家。"杨彩芹说。"家里两个老人、两个孩子，全都眼巴巴地盼着妻子，我又挣不了什么钱，感觉自己活着都是家里的负担。"李发顺低着头哽咽着说。

三、佤族古寨的风情画

（一）安居——寨子渐渐展新颜

作为三家村5个自然村之一的司莫拉，是腾冲市清水镇仅存的几个佤寨村落之一。佤族群众大多喜欢居住在半山或山顶。司莫拉选址也是在山上，四周山地环绕，村落整体坐东朝西，建筑依地势层级错落分布。整个村寨背倚青山、前环良田、左右绿树环抱，村间古木参天、流水潺潺，山泉水系和自然湖泊相映成趣，在"Z"字形分布的村落中行走，不由感慨"天然生态氧吧"之名名不虚传。优越的生态环境不仅赐予村寨高山、溪水、7个清泉、古木林等丰沃的自然资源，也衍生出与之相应的信仰体系。用心用情行走于村中，感受佤族同胞与自然的相处之道，不难发现，其不仅暗藏在山川秀美、梯田婉约之色里，也映照在竹林掩映、阡陌纵横之趣中。在梯田之上、田野之中，茂盛的庄稼肆意散发着勃勃生机，恰如这个传统村落那亘古不衰的盎然生命之力。在时间长河中，在人走入自然建造起村村寨寨的过程中，人和村寨，连同内部、周边的自然环境，以及人的生活、信仰自然而然地融为了一体。

1999年12月，血气方刚的佤族青年赵家清参军入伍，来到驻扎四川的陆军某装甲部队服役。这是他头一回离开家乡，沿途看了不少大城市，被它们的发展惊到了。当兵的经历让赵家清开了眼界，也在他心里埋下了要干一番事业的种子。两年后，赵家清退役返乡，带着一定要到大城市闯荡的信念，他先后到浙江、福建、广东等地务工。因为在部队培养的雷厉风行的作风，他经常被工厂安排做管理工作。2006年3月，在外摸爬滚打了5年的赵家清回到家乡，应聘为清水乡派出所辅警。在一次抓捕犯罪嫌疑人行动中，赵家清不顾个人安危，孤身狂追，最终把手持凶器的嫌疑人缉拿归案，他因此登上了家乡报纸，受到当地公安系统表扬。

正当赵家清干得风生水起时，2010年3月，三家村村委会换届选举。乡主要领导看中赵家清身上能闯敢干、担当作为的军人品质，上门沟通，鼓励他回村参选。此前，已经有人推荐赵家清到市里一家大企业做管理工作，不算年终奖，每月底薪不少于3000元，而回去当村干部每月只有580元补助。一边是诱人的薪酬待遇，一边是父老乡亲的信任期盼，赵家清没有太纠结犹豫，军人的使命责任感油然而生，当即答应回村里挑这个担子，决心带着乡亲们摘掉"穷帽子"。乡亲们听说在外见过世面的赵家清回来参选支书，纷纷拍手称赞，投票意愿高涨。2010年3月28日，赵家清高票当选三家村党支部书记、村委会主任。

他接任村委会主任后，开始带领村民改善基础设施。当年穷主要是受困于路。不修路就没有出路。司莫拉引入了"村村通工程"。政策推动加上村民主动，佤寨到清水乡政府的山路被打通了，村内道路也全部硬化了。与此同时，"农村危房改造""扶贫安居""厕所革命"等项目不断落地，逐渐夯实了发展的底子。

可是很快又出现了新的问题。由于田地少，佤寨的村民以外出务工为主，在家的老人就是养几头猪、养几只鸡，群众没有人畜分离的居住习惯，乱丢乱放现象突出，直接影响了村寨的形象。"要长远发展就要改变村庄的环境卫生情况。"赵家清把突破口放在了佤寨的10名党员身上，要在寨子里开展"最美庭院"评比。他召集党员开会，对村民苦口婆心地劝说。会后，党员带头拆除了自家私搭乱建的猪圈，带头收拾、整理自家的家居卫生。看到党员们行动起来，村民们终于看到了村"两委"对人居环境改造提升的决心。司莫拉不只有一时的措施，还有长效的机制。近年来，司莫拉创新设立了"巷长"制度。巷子里有党员，就由党员担任"巷长"；如果没有党员，就由德高望重的老人来担任"巷长"，督促巷子里的人家打扫房前屋后的卫生，不断提升群众的居住环境质量。通过几年的不懈努力，村民足不出村就能享受到良好的公共服务。寨子里

司莫拉"村在林中，林中有村"（来源：云南文旅）

危房没有了，不少人住上了宽敞明亮的"大五架"瓦房。人住得舒坦，家中的粮食、物品也有了遮风避雨的地方。通过几年的不懈努力，家家都是"最美庭院"，房前屋后满是绿植，厕所干净卫生，污水统一收集，还建起了佤族民俗文化陈列馆、梯田景观区。

（二）乐业——寨子转身变景区

"让乡亲们过上幸福小康生活，'司莫拉'才名副其实。"赵家清暗下决心。上任伊始，他就带着村干部和村民代表到大城市、小康村取经，开办"自强·诚信·感恩"小课堂，和乡亲们细算对比账、细数变迁史、细说幸福感，通过"思想扶贫"点燃大家的致富热情。赵家清用拖拉机拉了417车的混凝土废料，填平了进村的凹凸路面，用当地石块铺成休闲路，一时吸引不少游客。瞅准时机，赵家清向上级争取经费，在村里开办厨艺、茶艺、电工、种植、养殖、民宿、乡村旅游等免费培训辅导班，让乡亲们掌握现代服务技能，课堂天天爆满；同时，鼓励外出务工人员返乡创业，搞活少数民族特色旅游；鼓励村里大学生回村，用新知识、新理念带领父老乡亲共同致富。2015年，党中央提出要全面打赢脱贫攻坚战，并继续出台各项政策，推动各地实施精准扶贫，发展特色产业脱贫。结合地理位置、气候条件等特征，赵家清首先在特色产业上下功夫，带领乡亲大胆尝试引进石斛、菊花、金铁锁、半夏等特色中药材种植，与制药和食品公司签订合同，观光与农业效益双赢。司莫拉全力发展"一村一品"，调整传统种植业，对村里的胭脂果、黏枣果等很多野生水果以及当地的生态茶叶进行深加工。2017年起，根据自身优势整合资源，发展起旅游产业，开始规划发展乡村旅游，修建停车场、文化广场等配套设施，佤寨焕然一新，并于当年实现全村脱贫、入选中国少数民族特色村寨，2019年又获批国家3A级旅游景区，2020年再荣获第二批全国乡村旅游重点村，成了一个留得住传统、记得住乡愁的地方。

在这里，千亩梯田农耕文化体验区、佤族风情体验区、佤族民居、木鼓屋、司莫拉佤族民俗文化陈列馆、树神、佤王宫、榕树群……总有让你陶醉、流连的地方。比起喧嚣的闹市，这里是心灵得以放松的去处。以下是几个可以让你领略到散发着远古佤山神秘气息的标志性景观。

司莫拉佤族民俗文化陈列馆：内外处处呈现一派历经沧桑、古朴苍拙的气象。在这里能够清楚地了解到整个村寨的历史及佤族的民族文化。馆中陈列的民族服饰、生活用具、姓氏谱、佤族首领会堂等是佤族先民留下的痕迹。浓郁的民族民风无不散发着远古的气息，向人们诉说着岁月的流逝、历经的沧桑。置身其间，宛若回到了远古时代。

司莫拉佤族民俗文化陈列馆（来源：保山广播电视台）

向往之地

佤王府：位于村子的高处，外表虽显陈旧，但肃穆依然、威势依然、霸气依然。踏过佤王府高高的门槛，便仿佛感受到昔年佤王的威严。这里是当年佤王聚集族中德高望重的人议事的地方，外人禁入，代表着佤王的神圣。

佤王府（来源：保山广播电视台）

七子泉：在古树群落下，7眼大小不一的山泉依着山势分布，清澈的泉水映着森林，泛着碧绿的光泽。"那里便是我们的七子泉，在过去一直是村里的水源。"村民介绍。良好的生态循环系统一直滋养着村落。箐内分布着很多密集的地下泉眼，属于低温温泉。这些天然山溪流到村庄下游，形成了天然水塘，灌溉着村落里的千亩良田。

司莫拉彩色梯田：梯田如旋涡般地聚拢到一起，高低错落，中央低洼处一个清澈见底的龙塘汇集了水源地流下来的山泉，犹如一个聚宝盆。山泉在此短暂地聚集之后又流淌浇灌远方的沃土良田。这里虽然没有元阳哈尼梯田那般出名，却是承载佤乡印象的一个重要元素。迎着和煦的春风，慢悠悠地走在石板路上，路两边清澈的泉水缓缓流下，听着虫吟鸟叫，一切是那般惬意。那么，彩色梯田是如何绘成的？

"我们彩色水稻设计理念主要是结合佤族神话传说司莫拉设计而成，现在看到的中间长发飘飘的就是绯娘绷，她右手持象征幸福的'木瓜花'递给路对面的英雄司莫拉，司莫拉头上就是他用箭射死的鱼怪，在绯娘绷和司莫拉之间是他们生育的7个儿子，右边是司莫拉三个大字。"腾冲市农业技术推广中心党支

司莫拉梯田（来源：保山广播电视台）

向往之地

部书记谢芹芳介绍,"彩色水稻呈现不同的颜色,主要是农业科技创新能力的提升在生产实践中的一种应用。农业专家利用育种基因工程进行诱变,使水稻的叶片呈现不同的颜色。我们使用的6种颜色最后结出的种子也是不同颜色。彩色水稻和常规水稻没有多大的区别,它们也能结出饱满的稻穗。"

"稻画景观实施后,我们结合特色产业的发展,在稻画的周边种了万寿菊。在西边小寨子前,由志通专业合作社种植了60亩标准化的百香果园,现在已经挂果。在百香果园内套种了万寿菊。这里今后就会形成田中有画、画中有花、花果飘香的田园景观。游客来到这里可以在观景台观画,到田间看花,到田里摘果。这就是我们最大的构思理念。"清水乡农科站站长尹东菊说。

司莫拉梯田(来源:保山广播电视台)

（三）惠民——旅游饭越吃越香甜

在发生变故后，李发顺也没有颓废沉沦，一直在找"活路"。"卖水果、理发、竹编、配钥匙、修鞋子、生猪养殖……能干的他全都干了。"妻子杨彩芹说。多年来，他靠着生猪养殖和妻子的一些务工收入，慢慢改善着一家人的生活。到2014年，脱贫攻坚的春风吹到司莫拉时李发顺家被纳入建档立卡贫困户，得到政府的一些帮扶，情况才进一步好转。通过政府的帮扶和自己的努力，李发顺一家建起了两层的小楼，金黄的玉米挂满了整个屋檐，一家人其乐融融。

"要不是政府的帮扶，真不敢想还能过上这么好的日子。"李发顺笑着说。2017年，李发顺主动要求脱贫出列。赵家清介绍，虽然李发顺的遭遇只是个例，但他家的脱贫故事，是整个司莫拉乃至三家村的缩影。"近年来，我们通过整合土地资源，发展特色产业等实现了整村脱贫。"赵家清说。从田房泥路到黄房瓦屋，硬化路串起家家户户，延伸到山间地头，沉寂的山坡变了模样，这是司莫拉从前的幸福故事；从乡间庭院的绿化改造蔓延到大街小巷的规划建设，合理的人文保护和自然的原始气息相结合，这是司莫拉今天的幸福故事。"现在假期每次回家都会打理自家的小院子，种种花修修草，闲暇时还能和朋友家人一起到村落广场看看演出，去栈道欣赏风景，感觉到生活方方面面的品质一直都在提升，对家乡的感情越来越深。"从小在中寨长大的李喜爱深切表达着村寨一直以来的变化。

另外，在中新网的报道中曾有这样一幅景象："尽管下着小雨，云南省腾冲市清水乡三家村中寨司莫拉佤族村内依然热闹非凡。不少游客在村内拍照'打卡'，领略民族风情。在村民杨彩芹家，游客们被佤族特色软米粑粑吸引，争相购买尝鲜。"这幅景象的背后，串联的是展现"篱笆墙泥巴路"山村变成3A、4A级景区的一帧帧、一幕幕。

村民杨彩芹说:"生意好的时候一天可以卖两三百个(粑粑),一天有一千多(元)毛收入。"为增加家庭收入,杨彩芹曾经远赴广东打工。如今,司莫拉发展乡村旅游,曾经"篱笆墙、泥巴路"的山村变成3A级景区,引来八方游客,杨彩芹在家里就能做生意赚钱。"现在在家可以做生意,生活也越来越好了。肯定喜欢在家里面,可以照顾老人,又可以照顾孩子。"像杨彩芹这样受益于乡村旅游发展的村民还有很多。

村民赵家海说:"旅游发展起来后,我这个铺子和以前大不一样了,好处很多。一天只能卖一两百块钱,一百块多点"。在赵家海经营的小卖部里,水、小零食等商品受到游客的青睐。因为游客增多,他今年增加了不少新货品,如当地的手工艺品和土特产。不少村民在自家门口做起小生意,一些村民正计划着开农家乐。

来自大理的游客杨绍才说:"看到很多少数民族的风土人情,让我们有很多体会,也学到了很多。这里给我们的印象挺好的,我们还会带着家人再来的。"杨绍才一家将司莫拉作为腾冲之旅的第一站。

赵家清说:"群众的内生动力激发出来了,大家干什么事都有激情,也比较主动。对我们一些产业的落实和发展有着推动作用。就近务工的一些方式,让群众觉得现在比以前富裕得多了。"通过发展多种产业,三家村2019年已实现经济总收入3083万元,农民人均纯收入为11450元,村集体经济收入5.18万元。[①]"家家住上安居房,出门都是摩托、轿车。"吃上"旅游饭"的司莫拉,正在小康路上大步向前。赵家清表示,在接下来的发展中,还会继续发挥合作社的作用,做好规划,科学发展,实现持续增收。

---

① 《云南司莫拉佤族村:"篱笆墙泥巴路"山村变成3A级景区》,中国新闻网,https://www.chinanews.com.cn/m/cj/shipin/cns/2020/08-26/news866422.shtml。

四、"木鼓声声"中的幸福节拍

（一）来自总书记的关怀

在新中国成立之初，包括佤族在内的一些边疆少数民族过着"原始"生活。1954 年后佤族等 9 个"直过民族"告别刀耕火种，直接从原始社会过渡到社会主义社会，几乎一夜之间跨越了其他民族上千年的发展历程。从一山一策、一族一策到一族多策，新时代党的精准扶贫政策推动"直过民族"摆脱贫困，融入现代文明。2019 年，包括佤族在内的 6 个民族实现整族脱贫。作为保山市经济社会发展和民族团结进步的缩影，司莫拉就是佤族村寨脱贫的一个代表。2019 年村民人均可支配收入增长约 1.5 倍，是 2014 年的 7.2 倍。[①]

"生命靠水，兴旺靠木鼓。"这是当地佤族群众的一句谚语。2020 年 1 月 19 日下午，习近平总书记来村寨看望乡亲们。村寨广场上，总书记按照当地习俗，拿起鼓棒，敲响三声木鼓。祝福风调雨顺、国泰民安、四海升平。深深祝福，凝聚着边疆各族人民砥砺前行的勇气；殷殷关怀，浇灌着边疆各族人民共同奋斗的心田。"乡亲们脱贫只是迈向幸福生活的第一步，是新生活、新奋斗

---

① 云南省中国特色社会主义理论体系宣传调研组：《专题调研：司莫拉的幸福之路》，云南网，https://baijiahao.baidu.com/s?id=16930875476455375286&wfr=spider&for=pc。

的起点。要在全面建成小康社会基础上，大力推进乡村振兴，让幸福的佤族村更加幸福。"习近平总书记的要求正化作边疆各族群众向美好生活奋斗的实际行动。

每天清晨6点，李发顺一家便忙碌着烧火、蒸米，为做粑粑准备着。习近平总书记走进贫困户李发顺家中看望时，详细察看他们的生活环境，询问家庭收入和致贫原因，还亲手在李发顺家现场压模做了两个印上"福"和"囍"的大米粑粑。这种"想都不敢想"的"好事"激发了李发顺和贫困赛跑的动力。他和妻子在家里开起了软米粑粑小作坊，把软米粑粑做成了佤寨的一个新产业。李发顺家的访客不断、生意红火，一天能卖300多个粑粑。"2020年8月，司莫拉最多一天来了4000多人，游客的车辆一直停到了邻村。"腾冲市委组织部下派来担任驻村第一书记的魏禹兴奋地说。

（二）细品司莫拉的幸福意蕴

3年来，村寨内先后建成幸福餐厅、大米粑粑厂、幸福书吧、幸福咖啡屋等旅游观光点，还建成农家乐、民宿10家，带动就地就业1000余人次，促进群众增收500余万元，①多措并举，不断延伸旅游产业链，让群众端稳"旅游碗"，吃好"旅游饭"。这是一种产业兴旺的幸福！

3年来，在司莫拉农耕文化观光区核心位置打造出了云谷公园。公园因地制宜，随季节交替种植万寿菊、油菜花、百香果。其中47亩司莫拉彩色稻田景观更是在2021年成功亮相《生物多样性公约》第十五次缔约方大会，成为市内周边旅游的重要打卡点。如今的云谷公园，晨光熹微尽赏白鹭展翅，月上梢头听

---

① 《腾冲市司莫拉佤族村：农文旅融合让幸福"加码"》，云南网，https://baijiahao.baidu.com/s?id=1795414457613357344&wfr=spider&for=pc。

取蛙声一片，人与自然和谐共生，让村庄增色、田园增美、农民增收。这是一种生态宜居的幸福！

3 年来，运用新时代文明实践站、村综合文化中心、民族联谊完全小学、民俗文化陈列馆等阵地，开展多类型的文明实践活动，形成以家风促民风、以民风带村风、以村风促发展的良好氛围，家风正、民风淳、村风美，人人参与共创文明乡风，乡风文明家家户户共享。这是一种乡风文明的幸福！

3 年来，组建成立"司莫拉幸福护卫队"，队长由社区民警担任，其余队员主要从党员、小组长、十户联防群主、"三员三长"等群体中推选产生，共有队员 13 名。时刻为游客、群众提供警务咨询和服务，实现交通、消防事故"零发生"，行政、刑事"零发案"，矛盾纠纷"零上交"，服务"零投诉"。这是一种治理有效的幸福！

3 年来，采用"党支部+公司+合作社+农户"模式，成立了腾冲市清水司莫拉幸福佤乡旅游专业合作社。合作社实现收入 118 万元，社员分红 24.1 万元。2022 年，村民人均可支配收入达 18620 元，较 2019 年增加 62.5%，村民的腰包鼓起来、脸上乐起来、日子好起来。[①] 生活富足带来的自信和幸福洋溢在整个司莫拉。这是一种生活富裕的幸福！

（三）解开司莫拉的幸福密码

新时代的佤族群众用实干诠释了"幸福是奋斗出来的"真谛，把象征兴旺的木鼓敲得更加响亮。司莫拉佤族群众的奋斗历程，是"中华民族一家亲、同心共筑中国梦"的真实写照，也是"各民族都是一家人、一家人都要过上好日

---

① 《腾冲市司莫拉佤族村：农文旅融合让幸福"加码"》，云南网，https://baijiahao.baidu.com/s?id=1795414457613357344&wfr=spider&for=pc。

子"的真实写照,更是边疆"各民族在中华民族大家庭中手足相亲、守望相助、像石榴籽一样紧紧抱在一起"的真实写照。探究"幸福"背后的真谛,其密码就藏在司莫拉干部、群众"干"的点滴之中。

司莫拉突出党建为引领,聚焦解决群众"两不愁三保障"突出问题。通过党支部牵头、党员带头,带领群众成立"草上飞"土鸡养殖专业合作社,发展石斛、重楼、万寿菊等特色产业,引导参与乡村旅游等,切实保障了贫困群众的收入。构建"分片到组、包保到户、责任到人"的攻坚体系,以基础设施建设撬动,以人居环境整治为突破口,注重思想"扶志"、能力"扶智"、发展"扶业"。通过党员亮身份、承诺践诺,领着群众干、做给群众看,全力抓实住房保障、道路通行、就学就医、产业就业、饮水安全、村级活动场所建设等,实现了"篱笆房"到"安居房"、"泥巴路"到"硬化路"、"小私塾"到"大校园"的转变,群众的意识也由"要我干"转向"我要干""我想干"。佤族群众李发顺通过发展种养殖,成了脱贫自立自强、不等不靠的典型,更是保山各族群众对美好生活向往的典型。正如司莫拉村民表示,"整村脱贫"的蝶变是把党的力量挺在脱贫攻坚最前沿的生动体现。

改革开放以前群众生活条件十分艰苦。2014年,借助民宗部门提供的30万元启动资金,司莫拉开始围绕民族团结进步对基础设施进行完善。近年来,在党的领导下先后整合"民族团结示范村""美丽乡村"等2200余万元项目资金,进一步完成了"三化"工程,建设了司莫拉礼堂、民族文化活动广场、民俗文化陈列馆等。自此,司莫拉不仅解决了衣食住行的难题,还从"贫穷小山村"变成国家3A、4A级景区和中国少数民族特色村寨,发生了翻天覆地的变化。完善基础设施,筑牢了司莫拉民族团结进步的基底石。

围绕"司莫拉佤族村乡村振兴示范区"建设目标,以"民族文化示范村"为抓手,坚持"一张蓝图绘到底"的发展思路,实现民族团结进步与乡村振兴同步推进。同时,以清水乡总体规划、三家村村控制性详细规划、司莫拉佤族村修建性详细规划为支撑，树立"大中寨司莫拉"的理念，整合"机场、热海、佤寨、古村、茶山"等资源优势，做实"强产业、美环境、兴文化、优治理、保民生"等工作，真正把"大中寨司莫拉"建成一个集乡村生态农业观光体验、民族风情体验、"司莫拉经验"示范学习及研学、干部教育培训等为一体的乡村振兴示范区。重规划引领，绘制了民族团结进步"新蓝图"。依托腾冲旅游资源优势，2020年6月成立司莫拉幸福佤乡旅游专业合作社，采用"党支部+合作社"模式，将寨里的全部农户吸纳为合作社社员，向外对接市场，组织群众发展产业。合作社组织社员开展乡村旅游资源开发、休闲观光服务、食品制造、农副产品加工、餐饮服务、民族舞蹈表演、民俗工艺品、民宿服务、公共设施管理服务等。通过产业利益链将群众有效组织起来，集中力量发展大米粑粑、生态研学等乡村旅游产业业态。为实现集体和群众"双增收"目标，村里共开展技能培训11期484人次，仅2020年，开展民宿、农家乐、茶艺师、种养殖、农民画创作、导游等培训253人次。[1] 主动同周边的机场、茶园、景区联系，为村民特别是贫困户寻找就业岗位。同时，选聘旅游讲解员、保洁员、景区秩序管理员和村内务工人员30余人，农特产品一条街26格商铺已正常销售，收入稳定，让村民真正实现在家门口就业。如今，共有62户合作社社员通过入股分红、资产租赁、产业经营、就近务工等方式获得了多份收入，实现集体与群众"双增收"。通过整合"民族文化示范村""美丽乡村"等项目，建设了司莫拉礼堂、民俗文化陈列馆、民族文化活动广场、农耕文化观景台、寨中休息厅、旅游公厕、佤族特色寨门等一系列项目，并通过统一定制传统佤族服饰、种植寨花、再现传统佤族酿酒工艺等方式，着力让佤族传统文化重新焕发生机与活力。正如保山市委领导总结的一样，乡村振兴的目的是促进发展，发

---

[1] 任维东：《欢迎来到佤寨司莫拉》，光明网，https://m.gmw.cn/baijia/2021-02/02/34590596.html。

展需要产业支撑，这其中要突出落实乡村振兴战略，实施脱贫攻坚与乡村振兴"双推进"。

助力司莫拉乡村振兴的一幕幕

"走，看看科技给司莫拉带来了哪些变化。"来自苏州大学的80后博士田浩对司莫拉和佤族村民非常熟悉。在村里新建的大米粑粑厂里，田浩说："这是用胭脂果加工的果酒和果酱，这是新工艺生产的竹筒茶和礼盒茶，这是新开发的司莫拉矿泉水……有70多种产品作为村里卖给游客的伴手礼，帮村民增收。"为了助力乡村振兴，云南省农科院的科技专家也来到了司莫拉，用科技的力量推动司莫拉迈出乡村振兴的步伐。

杨彩芹热情地招呼田浩："以前粑粑只能摆两天，田老师教我们保鲜方法后，粑粑就能存放一个月了，我们还能给省外游客快递粑粑。"村民李发顺家发生了许多变化，因为参观游客多，家里也开起了餐馆。田浩补充说："我们教他们粑粑加热灭菌，就能延长保质期了。粑粑的颜色也从一种增加到十多种，化学染色改成植物染色。"

"以前村民只种传统水稻，我们教他们种40亩彩色水稻，里面有佤族神话故事的图案。水稻收割后教村民种万寿菊和油菜，让村民一年四季都有收入。梯田还成为游客喜欢的网红打卡点，仅油菜花旅游就使村民增收50万元左右。"来到司莫拉村口，田浩指着山坡下的层层梯田说。

"以前村民们在茶地里种玉米，茶叶产量少品质差，价格还不如玉米。2020年，我院茶叶所伍岗副所长等专家来这里改造茶园，帮助合作社流转30亩茶地改造成有机示范茶园，成本费用都由我院承担，当年就提高了茶叶产量和品质。"田浩如是介绍。司莫拉村后有一条新修的柏油公路，公路旁山坡上便是整齐规范的茶园。

"原来我家半亩茶产量少，一年才卖一两百块钱，去年租给合作社种，专家教我们种，产量、收入都增加了，可以卖30元一斤。我们还来茶园打工，一天收入80元到100元。"村民谢来芳笑着说。

"我们在村里办培训班，培训茶艺、茶叶加工和大米粑粑加工技术。我们还引进了一家广东企业落户腾冲，前年向司莫拉收购的胭脂果就达74万元。"田浩补充说。

"合作社收入增加了，去年和今年春节前两次分红，60户入社村民今年就分了10.4万元红利。来的游客也多了，去年有19.8万人次。农科院对我们帮助太大了！"赵家清说。

"这两年司莫拉最大的变化是村民思想观念的变化，大家参与的积极性更高了！"田浩感慨道。

"大家的村庄大家管、大家的家园大家建、大家的事情大家说了算。"以建设5A级景区为远大目标，着眼于提升全村人居环境，以产业发展、精神文明、村容村貌、社会治理等为着力点，积极探索乡村治理新模式，让村民积极参与家园建设，不断激发村民的主人翁意识。围绕"支部到组、自管到户、商量到人"的主题，司莫拉成立美丽村庄建设管理委员会，健全村庄保洁"美丽公约"、卫生管护"三员三长制"等机制，推广"1＋1＋N"的农村末梢治理模式，引入"爱心脱贫超市"激励机制，以积分兑换的方式引导群众积极参与环境卫生整治工作，落实"十条村规民约"，深化"门前三包"和"最美庭院"评比，人居环境整治形成自觉，构建了"组组行动、户户参与、人人有责"的农村治理新格局。以"新时代文明实践服务点"为载体探索服务群众的"最后200米服务圈"等治理模式，形成多元化乡村治理体系，以群众自治、自管来激发

向往之地

各族群众参与建设的主动性、积极性,提升乡村振兴凝聚力、战斗力,营造出各民族团结进步的良好氛围。可见,突出共建共治共享,探索乡村治理新模式,是司莫拉脱贫致富的重要保障。

七彩云南,山川独特、风光秀美,人文神秘、风情万种。在云南,民族团结进步是一朵常开常盛、沁人心脾的绚烂之花,26个世居民族在这片神奇的土地上繁衍生息,融合发展,聚成了一个团结向上的大家庭。"中华民族一家亲、同心共筑中国梦"成为新时代全省民族团结进步事业发展的生动写照。船的力量在帆上,人的力量在心上。多年来,司莫拉紧紧围绕民族团结进步的主题主线,强化民族团结进步宣传教育,在思想舆论阵地中强化中华民族共同体认识,激发佤族同胞的共同体意识和感恩意识。用好用活"乡村主播",组建了由党员、少数民族乡贤、致富带头人、光荣脱贫户等为主体的宣讲小分队,开设司莫拉民族文化讲堂,大力宣传党的民族政策,传播民族团结进步正能量。积极开展职业技能培训,开设厨艺、茶艺、电工、种养殖等多期免费培训,提升各族群众的职业技能,促进各民族经济、技艺上交流和融合。组建佤族歌舞队伍,积极开展富有民族特色的文化交流活动与其他民族文艺队进行大联欢,进一步促进各民族文化交往交流交融。"我们建馆的目的,就是向游客展示中华优秀传统文化,增进各民族相互了解、相互尊重、相互包容、相互帮助,并集中展示'党的光辉照边疆',教育和引导广大干部群众听党话、感党恩、跟党走。"赵家清回忆佤寨的变化。打造的"总书记足迹"学习体验路线入选党史学习教育体验省级示范线路,先后接待各类考察团1600多批次10多万人次,接待省级以上媒体140多批次。"在很多人眼里农村就是落后、脏乱差的地方,现在大家来亲身体验以后感受到了我们农村的变化:村美民乐生活好!"看着村子里络绎不绝的游客和到访者,赵家清脸上洋溢着自信的微笑。可见,突出民族团结进步宣传教育,铸牢中华民族共同体意识,是司莫拉脱贫致富的思想基石。

司莫拉的蝶变是保山"生态宜居美丽乡村建设"的缩影,也是保山"民族团结助力乡村振兴"的缩影,更是保山"党的光辉照边疆,边疆人民心向党"的缩影。司莫拉的蝶变折射着整个保山大地的巨变。

向往之地

五、阿佤人民唱新歌

司莫拉将牢记总书记殷殷嘱托,拓展思路,因地制宜发展乡村旅游,推进乡村振兴。打起鼓,敲起锣,阿佤人民唱新歌,要让这个幸福的地方更加幸福。"我们要成为望得见山、看得见水、留得住乡愁的幸福司莫拉。"党的二十大代表,清水镇副镇长,三家村党总支书记、村委会主任赵家清如是介绍。有梦才能成真,在梦的牵引下,司莫拉的幸福之歌在一幅幅乡村振兴美丽画卷中越唱越响亮。

朝阳下的司莫拉(来源:保山广播电视台)

（一）持续搞活经营，放飞"产业梦"

腾冲市将结合司莫拉实际，继续引进有实力的经营公司和投资商，盘活资源，把司莫拉旅游产业推向市场，实现有效益、有质量、可持续发展。按照党委协调、政府主导、民众参与、市场推动的工作思路，采取"公司＋合作社＋农户"的运营模式，实行市场运作，对景区进行统一规划、统一建设、统一管理、统一运营。腾冲市旅投公司作为项目开发主体，注册成立了腾冲清水司莫拉幸福佤乡景区管理有限公司，具体负责中寨景区的保护、开发、经营等工作。以专业合作社为纽带，由中寨党支部创办司莫拉幸福佤乡旅游专业合作社。通过合作社与公司建立一事一协议（合同）的合作方式，让社员承接公司经营范围内的相关业务，实现村民人人有事做、户户有收入、集体得实惠、公司有盈余的目标。完善利益联结机制，通过入股分红、资产租赁、产业经营、就近务工等方式，让群众实现多份收入。此外，立足司莫拉传统特产注册"司莫拉"商标系列产品，聘请云南省农科院帮助研发司莫拉红茶、大米粑粑、粗梗稠李（别名"胭脂果"）果酒果酱等农特产品。与当地制药企业、超市等对接合作，打开农特产品线下销路，探索电商平台、网络直播带货模式，实现"线上＋线下"同步营销。

（二）持续建优平台，点亮"就业梦"

腾冲市把人才培养作为服务群众的重要举措，持续开展民宿、农家乐、茶艺师、种养殖、农民画创作、导游等培训，为村民转型创业解锁新技能。还将继续支持村民开办独具特色的民宿、农家乐，引导外出农民工、退伍军人、农村大中专毕业生返乡创业就业。目前，建成农家乐 10 户、民宿 4 家，23 名村民

向往之地

参加餐厅务工和景区保洁、讲解、秩序维护，在家门口实现稳定就业。建成具有浓厚司莫拉风情的幸福餐厅、幸福烤吧、大米粑粑加工厂，为当地村民提供就业岗位60余个，带动村民务工300多人。[①] 未来，将持续发挥示范带动作用，依托旅游专业合作社、生姜种植专业合作社等，培育村内农业产业大户，带动群众务工。

（三）持续做强项目，做实"致富梦"

腾冲市运用项目管理模式，把习近平总书记的殷殷嘱托变成工作思路，把思路变成方案，把方案变成一个个具体的项目，助推项目落地见效、健康发展。清水镇全镇上下也将按照"点上示范、片上提升、面上推进、线上开发"的思路，以乡村旅游为切入点和立足点，围绕"一环三片、六村六品"规划布局，聚焦"田园增色、村庄增美、群众增收"目标，打造佤乡风情、古寨乡旅、农旅休闲、民宿示范、温泉休闲、现代农业6种业态，让全域旅游在清水全面落地生根、开花结果、惠及群众，奋力谱写"产业强、村庄美、村民富"的乡村振兴美丽画卷，让幸福的地方更加幸福。在这样的大背景下，司莫拉也表示积极持续发展乡村旅游，探索农文旅融合发展模式，让村庄增色、田园增美、农民增收。

农业为基，铺就幸福新路子。依托殷实的生态家底，通过文旅、农旅深度融合，打造一批赋予乡愁的具有文化特色内涵的景点，让当地的"美丽经济"火起来。"我们按照抓点成典、推典成景的目标，最大限度留住乡韵、乡愁，打造美丽幸福新佤村。"赵家清介绍。

---

① 宁玲：《腾冲市牢记总书记嘱托，加快司莫拉乡村振兴示范区项目建设——托起佤族群众"幸福梦"》，云南网，http://baoshan.yunnan.cn/system/2022/07/13/032183797.shtml。

文化为媒，注入幸福新动力。走进村内，佤族文化广场、佤族民居墙体画、佤族民宿一一进入视野。通过培育文旅融合新业态，司莫拉的佤族农耕、歌舞、四季三餐、传统手工艺等特色文化"活"了起来。

旅游为引，插上幸福新翅膀。依托层层叠叠的梯田及优质水资源，打造佤乡风情、古寨乡旅、农旅休闲、民宿示范、温泉休闲、现代农业6种业态，通过佤族歌舞互动、民族节庆活动、民族农事体验、民族文化研学等，丰富吃、住、行、游、购、娱、学旅游业态。

规划为引，项目支撑，把幸福佤乡农文旅融合落到实处。推进清水司莫拉幸福佤乡综合开发。规划主题为：云上司莫拉，一个更幸福的地方。建设目标为：总体目标是"中国梦·奋斗幸福路，极边实践地和示范地"；具体目标是力争成功申报为国家5A级景区，申报建成中国特色小镇、全国乡村振兴示范区。交通支撑为：根据功能定位由内而外打造旅游环（核心环）、出行环（亲民环）、乡村环（振兴环）三个环。规划布局为：一环三片、六村六品、一核一寨。"一环"，即22.8公里的镇域旅游环线；"三片"，即古寨乡旅示范片、农旅融合发展片、现代农业观光片三大发展片区；"六村六品"，即在清水镇的6个行政村分别打造佤乡风情（三家村）、古寨乡旅（良盈社区）、农旅休闲（清水社区）、民宿示范（荆陈社区）、温泉休闲（大寨村）、现代农业（驼峰社区）6种业态；"一核"，即以三家村、陈家寨、冯家营、荆竹寨、虞家营、茶博园等为范围的4.9平方公里核心区；"一寨"，即司莫拉中寨。

（四）持续讲好团结，筑好"团结梦"

司莫拉有佤族、白族、傣族、彝族、景颇族、汉族6个民族聚居，在各民族融合发展过程中，形成了独特的佤汉民风民俗，构建出"我为人人、共建共享"的现代幸福观。以基层党建引领民族文化，大力发挥民族文化凝聚力，铸牢中华民族共同体意识，打造团结幸福新佤村。

奏响民族团结"最强音"：收集整理民族风俗、礼仪、服饰、音乐、舞蹈、乐器、饮食、文学作品和生活用品实物等，传承新米节、搭牛丛等传统节日，举办射弩、爬杆等活动，将民族文化载体汇聚在一起，将全村人民凝聚在一起，推动心往一处想，劲往一处使。

激活民族团结"动力源"：探索"党支部＋公司＋合作社＋农户"的模式，由国有公司作为项目开发主体成立景区管理有限公司，创办旅游专业合作社，将寨里的全部农户凝聚在一起，成为合作社社员，实现村民人人有事做、户户有收入、集体得实惠、公司有盈余、团结共致富。

共护民族团结"大家庭"：开设民族文化讲堂，用好用活"乡村主播"，每日开展"微晨读"，通过火塘会、专题讲座等方式，与佤族群众一起谈变化、讲未来，算发展账、收入账，引导佤族群众听党话、感党恩、跟党走。组建佤族歌舞队伍，同周边村寨文艺队"共舞"，同四面八方来客"共欢"，实现民族大融合、大团结。

（五）持续育好乡风　托起"幸福梦"

以文化人"淳民风"，让幸福更有内涵。发挥道德教化作用，用嘉言懿行垂范乡里、教化乡民、涵育乡风，打造文明幸福新佤村。共建文化载体"育民心"。以新时代文明实践站、村综合文化中心、民族文艺队、民俗文化陈列馆等为文化传播载体，组建宣讲团深入村组开展"自强诚信感党恩""听党话、感党恩、跟党走"巡回宣讲，开展对象化、分众化宣传，唱响民族团结进步主旋律，推动习近平新时代中国特色社会主义思想在佤村落地生根。共治文明村寨"树新风"。推广农村末梢治理模式，成立美丽村庄建设管理委员会，完善"巷长""美丽公约"等制度，落实"十条村规民约"，深化"门前三包"和"最美庭院"评比,成立爱心超市,引导激励群众参与环境卫生等整治工作,做到"自己的村庄自己管、自己的家园自己建、自己的事情自己说了算"。通过诚信"红黑榜"、村民议事会、道德评议会、"文明家庭"评选等活动,推动形成以家风促民风、以民风带村风、以村风促发展的良好氛围。共讲司莫拉故事"同筑梦"。持续打造"总书记足迹"学习体验路线,把习近平总书记的深情关怀、司莫拉的巨大变化和佤族儿女的幸福生活作为生动教材,讲述好、宣传好人民领袖爱人民、人民领袖人民爱、"情满司莫拉"的生动故事。从加强农村思想道德建设着手,传承发展"我为人人、共建共享"的现代幸福观,以"自治"建家园、"德治"润民心、"法治"促和谐,培育文明乡风、良好家风、淳朴民风,增进民族团结,提升精神风貌,讲好幸福故事。

(六)持续护好绿水青山　留住"桃源梦"

佤族人爱水,寨中水流不息;佤族人爱树,寨中树成荫。这里既是佤族聚居有着500多年历史、民族文化保存完整的原生态古村落,又是在新时代践行"绿水青山就是金山银山"理念、幸福道路越走越宽的美丽村寨。第一代佤族人选址时就已经在考虑人与生态的关系,"如果这个地方树都无法成活,那人就更活不了了。"村民赵仁新感慨道,"我们现在不重视环境保护,未来带来的就是人的灾难,保护环境才是保护自己嘛!"

佤族人民拥有古老的自然崇拜,对大自然有着深刻的崇敬之情,保存了祭寨、搭牛丛、祭拜树神等佤族民俗。佤族人认为生命靠水、兴旺靠木鼓,他们每逢节日喜庆之时便会敲鼓祈福。一直以来,司莫拉决不搞过度开发,不乱砍滥伐树木,"村在林中,林中有村"的格局从未改变。截至目前,森林覆盖率已达78%,除榕树、香樟、金丝楠木等古树名木,国家二级重点保护野生植物桫椤也在大箐里勃勃生长。如今,村民公开竖起"尊重自然、顺应自然、保护自然"宣传牌，并铭记于心、践之于行，誓在这座生生不息的原生态古村落里与大自然水乳交融、和谐共生。

  文化生态也需要加强呵护，长远保护。早在2019年，《云南省保山市腾冲市清水乡三家村传统村落保护与发展规划》就已落地。对于如何更好保护历史，延续传承，继续将幸福之舟航行得更远，让幸福的人们更加幸福，腾冲将自己的思考写入了其中。依托党中央、国务院，云南省委、省政府对传统村落保护的要求，为了更好地保护三家村具有珍贵历史价值的民俗文化氛围、建筑及古村落形态，并加强村庄的发展建设，进一步提升村民的生活生产人居环境、产业提升发展等工作，逐步建立三家村保护发展长效机制，使司莫拉的保护向更加健全的方向发展。该规划明确了规划范围和研究范围，确定了近期规划和远期规划期限，及时定时定调定步伐，为指导司莫拉传统村落的保护发展点亮了指路明灯。近几年来，司莫拉还抓住"美丽乡村""最美庭院"建设等各种契机，通过政策推动、项目拉动、群众主动，在大幅改善居住条件的同时，积极推动"两污"治理，持续抓实人居环境整治，使村容村貌得到大幅改善。赵家清表示，今后司莫拉将持续推进生态文明建设及人居环境整治，围绕"村里村外不见垃圾、房前屋后见缝插绿、厕所污水一并治理、清洁家园人人出力"工作思路，努力打造好"幸福·旅游+"产业，谱写好司莫拉乡村振兴幸福新篇章。

  面向未来，以司莫拉佤族群众为代表的边疆各族人民坚信，牢记总书记的嘱托，发挥绿水青山的优势、传承佤族民俗文化、发展农旅融合模式、用好佤族民俗文化，自强不息，苦干实干，新时代的幸福之歌一定会越唱越嘹亮。

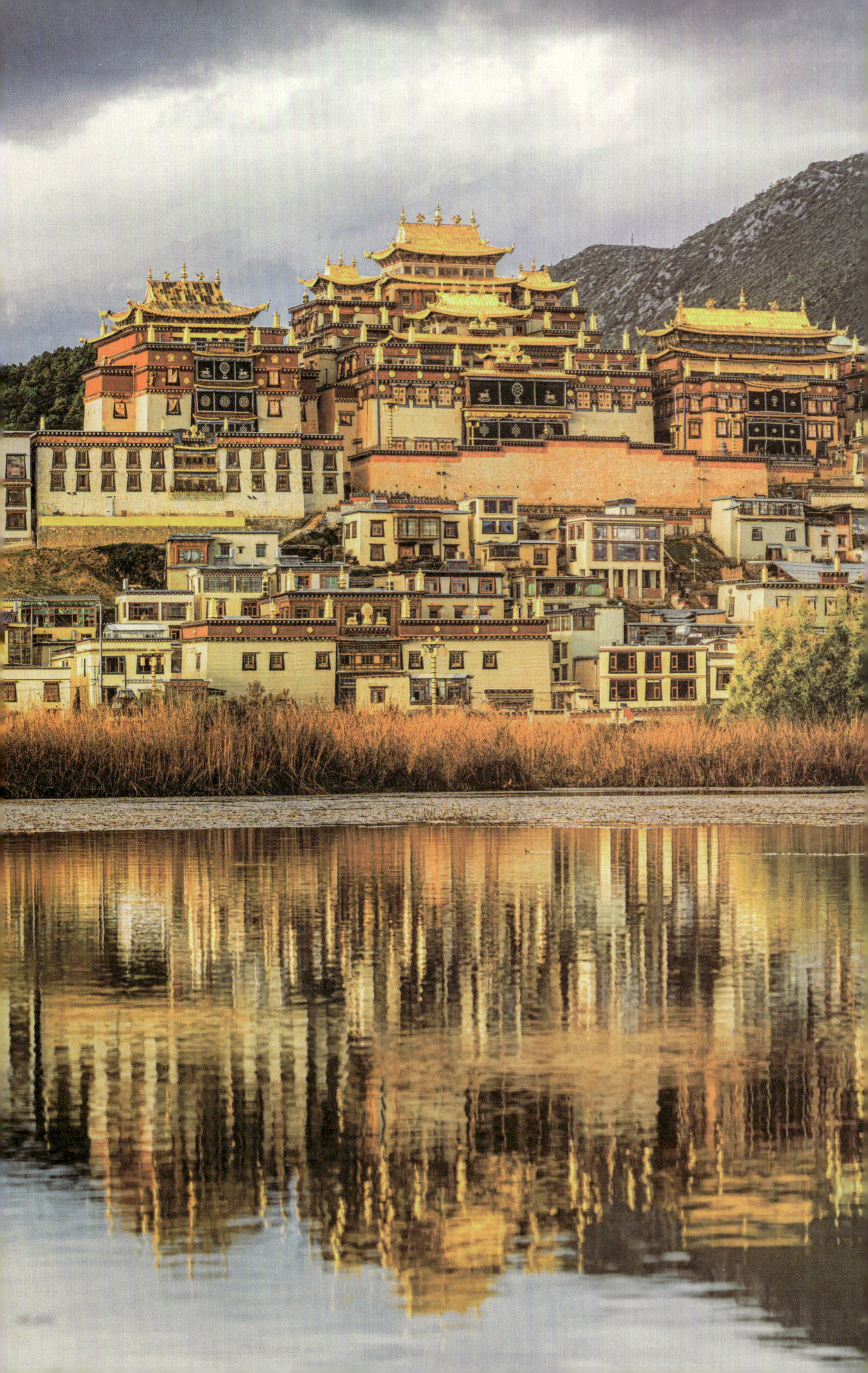

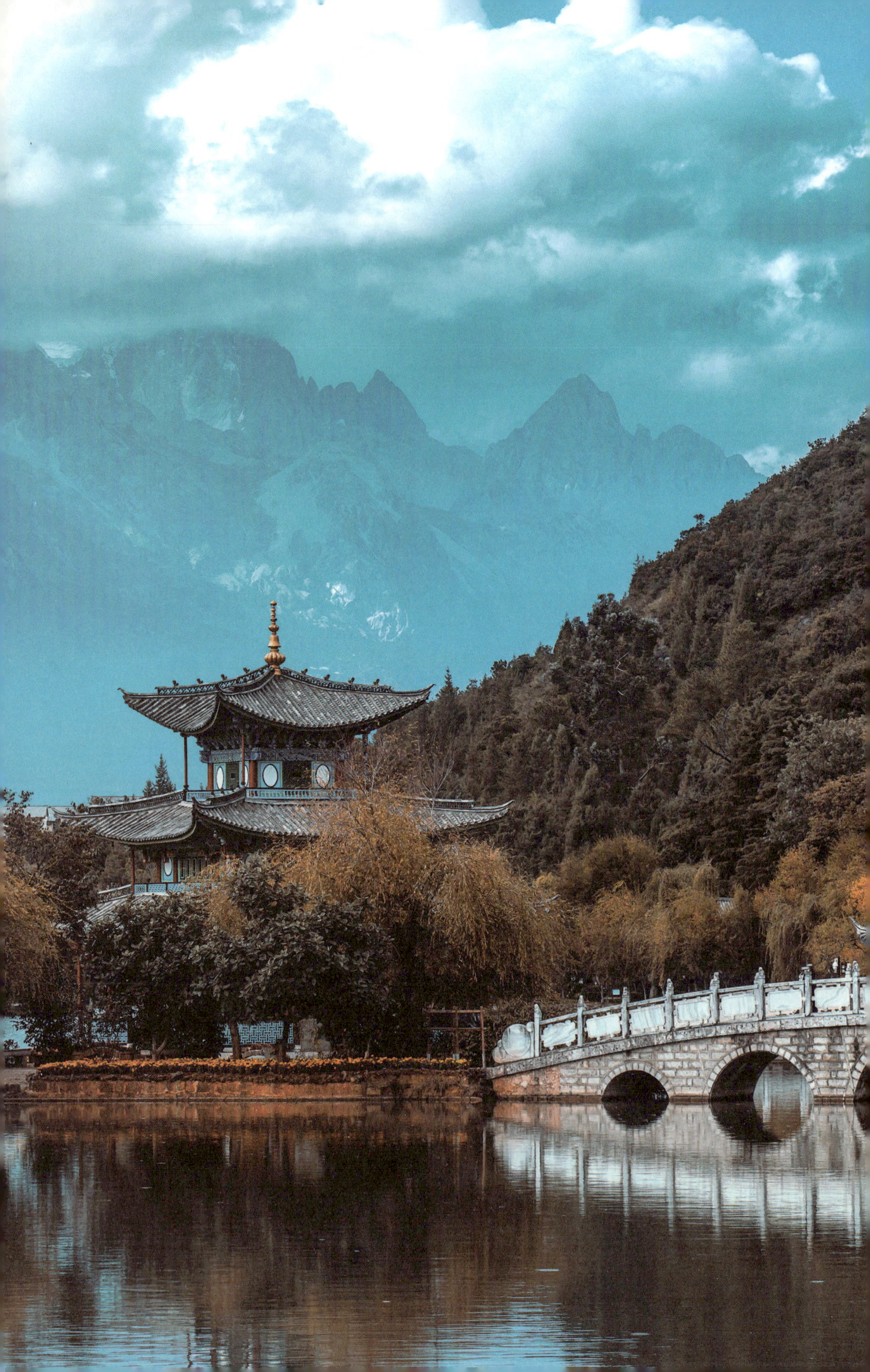

第六章

共同富裕的振兴密码

"中国有一块翡翠叫云南，云南有一颗钻石叫玉溪。"1916年，玉溪因横贯玉溪市区的珠江源头之一的玉溪大河（州大河）河水澄碧透亮，如玉带潺潺流淌在万亩田畴之中而得名，沿用至今。其位于云南省中部，东南连接红河州，西北毗邻楚雄州，西南与普洱市思茅区接壤，北部连接省会昆明。全市辖2个区、1个县级市和6个县，即红塔区、江川区、澄江市、通海县、华宁县、易门县，以及峨山、新平、元江三个民族自治县。这里有蜚声中外的李家山"牛虎铜案"、名扬天下的水下古城、被誉为"二十世纪最惊人的发现"的帽天山动物化石群、神奇美丽的抚仙湖。这里是人民音乐家聂耳的故乡、红塔山的沃土、多彩和谐的高原水乡，也是充满魅力的文学创作宝库。玉溪是一个多民族聚居的地区，居住着汉族、彝族、回族、哈尼族、苗族、壮族、傈僳族等20多个民族，少数民族人口约占总人口的30%。玉溪是滇中粮仓，盛产优质烟叶，民间音乐舞蹈表演艺术"玉溪花灯"历史悠久，素有"云烟之乡""花灯之乡"的美称。2021年6月，云南省委、省政府为玉溪市提出了"共同富裕示范区"的发展定位，希望通过先行先试，为全省提供可借鉴的经验。在玉溪的共同富裕示范区建设中，大营街的探索引起了很大的关注，集体经济的崛起、支部班子的带头作用、敢于创新的动力源泉成为解读其富裕之路的主要密码。

向往之地

玉溪市红塔区大营街社区距玉溪市5公里左右，位于玉溪市红塔区西南部，总面积2.6平方公里，辖3个自然村、9个居民小组，2023年初有居民2069户、人口5765人。[①]这里素有"云南第一村"的美誉，党和国家领导人胡锦涛、田纪云、王恩茂、费孝通等先后视察大营街，法国、加拿大等22国驻华使节也曾经参观大营街，对大营街共同富裕的发展道路给予了充分肯定，高度评价大营街是"建设社会主义实现共同富裕的模范""中国农村共同富裕的榜样"。社区先后被评为全国村镇建设文明集镇，全国乡镇企业思想政治工作先进单位，全国精神文明创建工作先进单位，全国先进基层党组织，云南省先进基层党组织，云南省爱国主义教育基地，省、市、区文明村，获得"云南第一村"的美誉；2017年，被评为首批全国农村幸福社区建设示范单位和全国文明单位；2018年10月，社区获得中华人民共和国农业农村部授予的"中国美丽休闲乡村"荣誉称号。

---

① 本部分数据由玉溪市红塔区大营街社区提供。

第六章　共同富裕的振兴密码

云南第一村（郭建林　摄）

向往之地

一、从"五难村"到"云南第一村"的蜕变

大营街是一个已有600多年历史的古老集镇。明代属于左卫管辖,为屯田中心大营。清咸丰、同治之后,四方农民在此交易,成为集市,故名大营街。新中国成立前已有小业主、小商贩200多户,得香楼芝麻片、青松烧鸭闻名遐迩。新中国成立前由于人民群众政治上受压迫,经济上受剥削,旱涝灾害频发,农民处于水深火热之中。新中国成立后,农民翻了身,当家做主人,但由于受"左"的思想影响,经济发展缓慢,农民生活仍未摆脱贫穷。1966年至1978年的12年间,农村经济总收入虽由55万元增长到98万元,农民人均所得纯收入由116元增长到167元,但农民吃粮还靠返销,最高年返销粮达15万公斤。人均耕地仅仅有0.37亩,人均居住面积不到5平方米,是有名的吃粮难、喝水难、住房难、行路难、娶媳妇难的"五难村"。

党的十一届三中全会精神像和煦的春风吹进了大营街,改革的大潮席卷了这个贫穷的小村落。大营街人紧紧抓住了摆脱贫困的机遇,探索出一条以集体经济带动共同富裕的路子。2022年,社区实现经济总收入152亿元,居民人均

可支配收入 29396 元。①

（一）发展集体企业，积累集体经济

大营街发展乡镇企业是在社队工副业的基础上开始起步的，以发展集体企业为主。20世纪70年代，依靠社队的场地、农业积累的资金，先后办起了碾米磨面等农副产品加工企业和农机修理厂，利用能工巧匠组建了20多人的建筑队。1983年实行土地联产承包责任制时，集体仅有一个建筑队和修配厂、红砖厂。

借着改革的东风，大营街社区从最苦、最累的建筑业起步，在发展的道路上艰难探索。社区用集体筹集的钱，完成了最初的资金积累，建筑队从房屋修缮发展到能承担施工、水电安装、装饰等工程，队伍扩大到498人，年劳务收入达150万元。与建筑队配套发展，办起了年产1000万块的红砖厂和年产2500平方米的太阳能设备厂。利用传统的糕点生产技术和人才，办起了芝麻片厂，年生产能力300吨。完成了最初的资金积累，实现了第一次经济腾飞。1978年，全村集体固定资产不足5万元，经济总收入98万元，人均纯收入167元。到1983年，全村经济总收入210万元，人均纯收入289元，上交国家税金5.5万元。1985年，经济总收入达392万元。②

（二）发展现代工业，壮大集体经济

20世纪80年代末至90年代初，为玉溪卷烟厂盖住房、盖厂房的大营街基建队靠着诚实守信、质量可靠，赢得了建设卷烟配套工厂的机会。1988年，在

---

① 胡永万、杨甜：《从"五难村"到"云南第一村"——来自云南省玉溪市大营街社区的调研》，《农村工作通讯》2023年第7期。

② 本部分数据由玉溪市红塔区大营街社区提供。

向往之地

20世纪80年代的水松纸厂（来源：玉溪市红塔区大营街社区）

20世纪80年代的滤嘴棒厂（张本聪 摄）

玉溪卷烟厂的大力支持下，社区党总支以极大的气魄，集资430万元，创办了科技水平高、规模较大的玉溪卷烟厂滤嘴棒分厂、玉溪水松纸厂。厂址选定后，马上就选拔有培养前途、具备初中以上文化水平的28名青年到有关厂家学习生产技能。滤嘴棒是全国首家生产，开发出3种材料5个规格的产品；水松纸在我国原本只有上海生产，经过上百次的技术攻关，玉溪水松纸厂开发出了4个规格的产品。它的投产不仅填补了云南一个空白，服务于玉溪卷烟厂，而且为国家节约了外汇。经专家鉴定，玉溪水松纸厂生产的水松纸可以和进口产品相媲美，并比上海同类产品便宜5%。当年两厂就实现收入390万元，上缴利税65万元。在两厂的支撑和带动下，一批科技含量高的新兴企业，如红塔铝箔纸厂、红塔铝型材厂、油墨厂、铜材厂等，如雨后春笋般迅速成长起来，为大营街的发展积累了大量的资金和技术。到1992年,大营街经济总收入突破1亿元大关,成为玉溪第一个亿元村,实现了第二次经济腾飞。1995年大营街社区经济总收入突破10亿元大关,农民人均纯收入达到了5016元,率先在云岭大地上实现了共同富裕。"云南第一村"的美誉也由此而来,成为"中国农村共同富裕的榜样"。[1]

随后,实施乡镇企业改制,做优集体经济。为促进企业健康、可持续发展,1998年,大营街领导班子顶住压力,明确了"留优质集体企业,保共同富裕"的企业改制原则,灵活采用承包经营、租赁、拍卖、转让、股份制、兼并等多种形式,进行产权制度改革,保留了8个骨干集体企业,形成了以集体经济为主、多种经济成分共同发展的经济结构。通过改制,既保留了发展成熟的大型企业,确保了集体经济的稳定来源,又为小微企业注入了生机与活力。1998年的利税总额较改制前的1997年增长了134%。1999年滤嘴棒厂跃居云南省百强乡镇企业第一位。进入新世纪,大营街大力发展新能源新材料高新技术产业,汇龙科技公司新能源新材料产品达到了国际领先水平。到2003年,社区经济总收入突破20亿元,实现了大营街的第三次经济腾飞。[2] 至此,大营街经济社会得到了全面、协调、可持续发展,逐步建成集工业、休闲、娱乐、旅游、商住于一体,各种生产要素集聚的现代城镇。

(三)发展生态旅游经济,增强综合经济实力

2000年以来,大营街社区不断优化产业结构,将水松纸厂、铝箔纸厂、滤嘴棒厂等卷烟配套产业搬迁至常里片区,腾出来的地发展第三产业。依托当地的温泉资源和米线、烤鸭等饮食文化资源,大力发展生态旅游经济,投资建设

---

[1] 胡永万、杨甜:《从"五难村"到"云南第一村"》,《农村工作通讯》2023年第7期。
[2] 本部分数据由玉溪市红塔区大营街社区提供。

> 向往之地

汇龙生态园、映月潭休闲文化中心、玉泉寺等旅游休闲景区。各旅游景点布局独具匠心，风格各异，吸引着八方来客。源源不断的人流、物流、资金流涌入大营街，为大营街的发展注入了新的活力。二三产业的兴旺持续加速了经济的腾飞，为大营街社区居民的富裕生活奠定了强大的物质基础。

（四）建设幸福小镇，助力经济再腾飞

面对新一轮发展机遇，大营街社区紧扣居民对美好生活的向往这一目标，围绕"产业兴旺、生态宜居、乡风文明、治理有效、生活富裕"的乡村振兴战略总要求，以企业为主体，依托得天独厚的自然资源以及晋红高速、泛亚铁路、高铁新城等区位优势，结合大营街特色传统文化及产业优势项目，规划建设特色小镇和国家级温泉文化养生旅游胜地，按照"做强产业、做特集镇、做美乡

蓝天下的幸福小镇（周永继 摄）

村"和"以产促城、以城兴产、产城融合"的思路，又着力打造了一张旅游新名片。幸福小镇建设项目于 2017 年 9 月开始启动，规划用地面积 19.3843 公顷，工程总投资 151458.26 万元，总建筑面积 187109.73 平方米，核心打造民俗体验区、活态集镇区、水景休闲区、温泉别院区及玉水轩片区五大区域，前三期已投入运营。2022 年 5 月，"幸福鲜生"农贸集市（二期乡村活态集市）开始正式营业。幸福小镇前三期目前商户入驻率达 50% 以上，四期、五期项目也在推进中。[①] 幸福小镇的建设不仅优化调整了社区产业空间布局，助力集体经济壮大，还可加快区域资源优势向经济优势转化，利于该区域土地增值，辐射带动周边社区相关产业的发展，构建新时代田园综合体，拓宽居民就业增收渠道，为促进共同富裕注入新的动能。

擦亮"云南第一村"名片。现如今，大营街正由普通社区转变成智慧社区、幸福小镇，致力打造中国集体经济转型发展和乡村振兴的示范区。从贫困的乡村一跃成为中国农村共同富裕的典范，大营街就是在党总支的领导下发展集体经济，从而走上共同富裕之路。

---

① 资料来源：玉溪市红塔区大营街社区。

二、幸福小镇的"领头雁"

大营街能有今天的发展,在于大营街有一班开拓进取、乐于奉献的领路人。他们把群众的利益放在首位,他们"为政一场、造福一方",齐心协力带领大营街人民走上共同富裕的道路。

(一)乐于奉献、接续前行的好班子

戴保周以党的事业为重,在任职 6 年内,先后去世了 3 个亲人。爱人去世后的第 3 天,他就投入了工作。大营街办事处原主任梁丙高是养猪大户,原农机厂厂长。1980 年任职后,他没有把精力放在经营自己的小窝上,挑起了抓集体工农业生产的重担。大营街原副书记周琼珍从事基层工作 20 多年,既抓党务工作,又分管农业,工作任劳任怨。大营街原党总支书记任新明为了发展壮大集体企业,使群众共同富裕,乐于奉献,艰苦创业,放弃高薪收入出任企业主任。他开拓进取,率领何金星、杨永平、何繁、何金富、符家彩、陈宝贵、陈宝荣等一批乡土人才,成功地创办了一个又一个企业。原党总支书记陈宝荣,1993 年到大营街社区工作,一直关注幸福小镇的推进。幸福小镇培育经济发展新增长极,承续"云南第一村"昔日荣光,再启幸福生活新征程。

（二）人生价值在于奉献的"领头雁"

在大营街，不论谁说起今天的幸福生活，都一定会满含深情地和你说到一个人——任新明。任新明一直把"人生的价值在于奉献"作为座右铭。他是这样说的，更是这样做的，深深影响和鼓舞着他的接班人。如今这九个大字还端端正正地写在大营街社区工厂的墙壁上。乡亲们都说，任新明做的比说的还要好。

任新明家教极严，老一辈人为人正直、勤劳、朴实的品格对他影响很大。在党的教育下，这些良好的思想基础和对富裕生活的追求使他很快成长起来。穷人的孩子早当家，1970年17岁的任新明被迫辍学，跟着一帮庄稼汉外出搞基建，通过繁重的艰苦劳动，换取微薄的经济收入，开始了他人生的艰难历程。

一开始他任施工组长，1978年任建筑队长。当时建筑队一无设备、二无资金，连工资都发不出。他分析建筑业的发展趋势，想方设法冲出困境，贷款40万元购置塔吊、搅拌机，改善技术装备，内部实行承包计件制，建筑队出现转机，第二年就还清贷款。历经几年艰苦创业，到1983年，除发了工资、交国家税费、交集体承包管理费外，还剩余资金20余万元。这笔巨额资金，按当时承包规定，"交了国家的，留了集体的，剩下的是自己的"，他完全可以自己支配，但他和父亲进行了一番长谈，说道："靠党的政策，靠各级领导的关怀支持，靠父老乡亲、兄弟姐妹的帮助扶持，我才有今天。没有他们，我一事无成。我想，如果现在只顾我们一个小家，看着乡亲们穷不管，我们家就是再富也没有意义。所以，我已经打算好，好钢用在刃上，趁这个好时光，拿这些钱为大营街办几个企业和工厂，壮大集体经济使大家共同富裕。"他毅然把这笔钱交归集体，用于进一步发展集体企业。1985年底，建筑队由20人发展到400人，除了发工资、交税、交集体承包管理费以外，建筑队利润累计达50多万元。这笔钱他也全部

向往之地

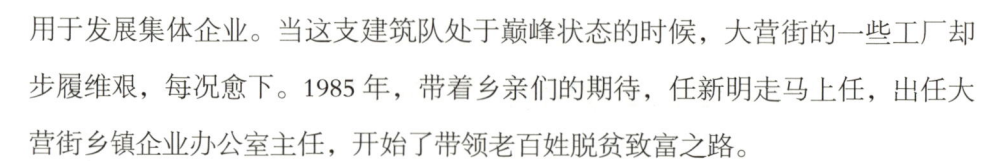

用于发展集体企业。当这支建筑队处于巅峰状态的时候,大营街的一些工厂却步履维艰,每况愈下。1985年,带着乡亲们的期待,任新明走马上任,出任大营街乡镇企业办公室主任,开始了带领老百姓脱贫致富之路。

1986年,他放弃高薪收入,出任玉溪市大营街办事处企业主任。他一心为集体,为父老乡亲谋福利,带领群众发展商品经济,走共同富裕道路。在党的教育下,任新明深深懂得贫穷不是社会主义,一人富不是富,群众富了自己也富,大家过上好日子才是共产党人的理想。他上任后召开第一次厂长经理会严肃告诫:我们的一切行动都要向人民负责、为人民造福,接受人民监督。

任新明说,作为共产党员,当多大的官,就要做多大的事。要求别人做的事,自己首先做到,要求别人不做的事,自己首先不做。在建设工业园区时,需要占用一片坟山。由于受传统观念的影响,群众想不通,没有人愿意搬迁祖坟。这片坟山也正好是任新明家的祖坟所在地,家里老老少少也不同意搬迁祖坟。任新明却说:"村里要发展就得下决心搬迁祖坟,我是党支部书记,我不带头哪个来带头?"任新明通过给家人做深入细致的思想工作,带头迁走了自家的祖坟。很快,所有的党员、干部都行动起来了,群众也跟上来了,那片祖坟地终于给工业园区让路了。

任新明以新型农民企业家的气魄和风貌,走在农村工业化的大道上,日以继夜,操劳奔波,任劳任怨,苦学实干,大年三十晚上还长途跋涉在为公出差的路上。他率领何金星、杨永平等一批舍得苦、吃得苦、肯钻肯干,愿为大营街人的富裕幸福而奉献的乡土人才,开拓创新,艰苦创业,搞活老企业,新办起技术起点较高的企业,实现了全办事处"人人有事做,个个有衣穿,家家户户有收入"的夙愿。1987年3月任新明光荣地加入了中国共产党,1988年当选为云南省人大代表,中共玉溪市委、市人民政府授予任新明"优秀农民企业家"的光荣称号,1989年被评为云南省农业劳动模范,1990年评为云南省优秀企业家。

由于任新明的工作实绩和突出的才能,玉溪市委组织部决定调他到市里工作，由农民转为国家干部，并且委以重位。为了大营街的建设和发展，他决定向组织汇报并经组织批准，把调令撤销了。他的这种不断奉献的精神，影响、教育和培育了大营街新的一代农民，成为社会主义现代化建设过程中物质文明和精神文明的根本动力。

（三）勇于创新不求私利的能人带头人

何金星，玉溪水松纸厂厂长，从建厂至今，水松纸厂凝聚了他半生的辛劳、心血。当年，他捧着辛辛苦苦生产出来的第一批产品，满怀希望地敲市场的大门时却吃了一个闭门羹——产品质量不合格，厂家拒绝采用。一切解释都没有用，市场不怜悯眼泪，何金星欲哭无泪，父母亲劝他，农民的血汗钱白扔了，要和他算账的。妻子也半真半假地嗔怪道，再干就和他离婚。何金星决心破釜沉舟，背水一战，干出成绩，对得起党组织的信任，对得起父老乡亲。他率领技术攻关小组跑图书馆查找资料，做试验、攻技术难关，吃住在厂，通宵达旦。经历了140多次失败之后，他们终于掌握了关键原料的工艺配方，生产出了一流的产品。

他们这些"创一代"在发展经济中，严于律己，克己奉公，真正做到了吃苦在前、享受在后，带领群众，埋头苦干，不计个人得失。当时职工多的可以收入300多元，半劳力也有百十元收入，可企业办的领导和同志们却只定了一个中间标准的收入水平。任新明每月仅250元收入，其他的几位厂长月收入也不超过250元。任新明和另外几人去上海买设备，一问旅馆价格，一晚上138元，任新明摸摸兜里，虽然带着几万块钱，但"这钱可是建厂用的"。他们最终找了家30元一晚的地下室。至于吃的，点一大碗面，或吃一碗方便面就这样过来了。"决不做经济上的富翁，精神上的乞丐"，这就是他们在金钱物质利益面前崭新的价值观。

向往之地

杨永平，这位优秀的农民企业家有一手汽车喷漆的绝活，是当地靠本事赚大钱的能人，每年少说也能收入十几万元。当大营街的发展需要他时，他便放弃了个人赚大钱的机会，毅然回到村里，积极创建属于集体的企业。这位在市场经济中经过摔打、具有严格管理意识、灵活经营的实干家，为使一个加工再生产型产品的厂成为国家定点生产产品的企业，四处调查，多方论证，进行了长达5个月的设备改造和无数次的生产试验。生产走上正轨后，杨永平在厂党支部的支持下，建立了一套切实可行的严格管理制度，强化劳动纪律，遵循按劳取酬的分配原则，派出精兵强将，拓展市场销路。几年间，这个名不见经传的乡镇企业一跃成为云南省百强乡镇企业第二名，产值连年翻番。

陈宝贵也是第一批带头人之一。1988年年仅33岁的他就被推到太阳能设备厂厂长的位置上。做太阳能他是外行，办事处把他送到北京太阳能研究所学习，提供资金进行技术改革和扩建。在集体的支持下，陈宝贵将一个一蹶不振的作坊式企业办成了全省颇有名气的热水器生产厂家，年收入在当时就突破了100万元。1992年，玉溪市红塔铝型材厂成立，陈宝贵任厂长。经过多年的发展，工厂不仅有先进的铝材厂生产线和多系列的铝合金型材，还自主研发了铝木复合门窗，古典门窗生产线，采用榫卯、攒插、插接、雕刻等传统工艺，并获得多项专利，为全国首创铝合金古典门窗，传承了中国的古建筑门窗文化。陈宝贵还是红塔区的非物质文化遗产的传承人。他热爱雕刻，用自己独特的语言，刀刀生花，创作了多幅浮雕作品，再现了40多年前大营街的场景，雕刻出自己心中的大营街。其中最有代表性的《端午汇溪图》，他雕了10年。作品一经亮相，得到了行业内外的高度赞誉，有专家学者评价"北有清明上河图，南有端午汇溪图"。其中有345个形态各异的人物，144只栩栩如生的动物，以及玉溪大河、汇溪小学等景点，真实再现了20世纪五六十年代大营街的历史风貌。他花了30多年时间收集了15万件藏品，建起陈氏浮雕会馆，收藏了不少大营街的历史票据和沉淀了岁月的老物件，保存了"云南第一村"的变迁史。

汇溪一景（来源：梁萍）

　　陈宝贵不仅收藏展品，还展览藏品。陈宝贵在自己经营的红塔铝型材厂厂区用仓库改建了三个展馆：汇溪旧时印象、哇家米线、滇中农业馆。目前已经建成大密罗滇中农耕文化馆、王家宅马帮文化展览馆，每一个展馆都充满着浓郁的乡土风情，传承着大营街的本土文化。

三、"五好村党组织"是这样炼成的

大营街的老百姓都说,村子富不富,关键看支部。大营街社区始终把加强党的领导作为凝心聚力、共同富裕的基石,发挥党组织的领导核心作用,通过抓班子、带队伍、育人才,为社区快速发展提供了坚强有力的组织保证和智力支持。大营街社区党委曾被中共中央组织部评为"全国先进基层党组织",被中共云南省委组织部授予"五好村党组织""创先争优先进基层党组织"等多项荣誉。

(一)坚持政治引领

坚持政治引领,建强社区领导核心,发挥街道党工委在街道总揽全局、协调各方的领导核心作用;发挥社区党委在基层治理中的领航者、主心骨作用。党支部坚持"三会一课"制度,建立了党内民主评议、联系群众、勤政廉政、创先争优等十项制度。实施社区"两委"班子成员与集体经济负责人交叉任职,选优配强社区小组党组织书记,实施社区干部能力素质和能力水平双提升工程,提升了党组织引领发展的能力。抓好"金种子工程",将优秀后备干部选派到企业培养,锤炼业务能力。在发挥领导班子的群体作用中,党总支一班人做到了心往一处想,劲往一处使,共同分忧解难。

（二）培养造就领导班子和带头人队伍

建设高规格的干部教育培训示范基地和党员活动阵地，搭建提升党员干部居民综合素质和致富能力的平台。通过抓班子、带队伍、育人才，为社区快速发展提供了坚强有力的组织保证和智力支持。

抓班子干部带头。为提高居组干部的整体素质，社区党总支将抓学习作为领导班子建设的首要任务，"一把手"带头学、班子集体学、明确任务学，营造靠学习工作、靠知识生活、靠智慧团结、靠科技发展的良好氛围，率先推进改革，率先解放思想，率先开阔思路，通过学习指导实践、推动发展，提高了全体党员干部的思想素质。社区党总支规定，每天上午社区"两委"和居务监督委员会成员准时集中，除了议事决策、商讨工作外，还坚持确定主题共同学习。每月召集社区干部、支部书记、居民小组长、妇女干部、团干部，集中学习政治业务知识。居组干部中研究生1人，专科学历4人，专业技术人员8人，企业中层以上干部200人。改革开放以来，大营街原党总支书记任新明一直将自己摆在"领头雁"的位置，积极带领干部群众大力发展乡镇企业，创办了玉溪市水松纸厂、滤嘴棒厂等19家集体企业。任新明先后获得了全国劳动模范、全国优秀乡镇企业家、全国创业之星等称号，并获得五一劳动奖章。大营街党总支书记、居委会主任陈宝荣也被评为全国杰出青年星火带头人。

带队伍党员示范。在大营街，当一个腰缠万贯的老板不稀奇，当一名中国共产党员更让人尊敬。在发展党员时严格把关，除要求政治思想过硬外，还要求具备一定的专业技能和特长，注重从生产一线、致富能手、回乡毕业生、青年妇女和共青团员中发展党员，并有针对性地进行教育和考察，帮助其尽快成长和成熟起来。近几年来，100多名具备管理才能、热心集体事业、有文化素养的居民加入了党组织。在党员相对集中的企业，依托党支部建立健全定期轮训制度，把党员政治理论学习同文化素养、业务能力、实用技术培训结合起来，根据党员实际情况分类要求、因人施教、"照单下菜"。组织中青年党员集中进修培训，采用结对送学、寄送资料等方式培训流动党员，对有一定创业倾向和能力的党员干部还有针对性地进行职业技能培训，确保学有所用、学有所成，全面提高党员的思想政治素质和致富带富能力。积极开展党员设岗定责、党员先锋岗、党员责任区活动，激发党员带头致富的内在动力，形成干部领富、党员带富、组织帮富、群众致富的良好格局。

育人才居民共富。发挥社区自办电视台——汇溪电视台的宣传教育作用，定期播放党员干部远程教育电教片，有效实现资源共享，村村通、户户看，覆盖到全体居民，积极培训乡土人才。居民从入学到升入大学都可以获得补助，并创造条件，以考核奖励的方式鼓励自学。选送部分专业技术人才到省内外大专院校深造培养，建立多渠道、多层次的本土人才综合培养制度。加大高素质人才引进和企业科技创新力度。仅玉溪水松纸厂就从省内外知名科研单位引进博士后1名、教授级科研人员4名。自行研制的高精度水松纸分切设备技术性能达到国际先进水平，研发的具有自主知识产权的高精度薄型基材激光打孔技术设备的技术水平达到了国内领先水平和国外同类产品先进水平，先后组织实施了2个国家级星火项目、1个国家级火炬项目、1个省级重大科技攻关项目和1个省院校项目等10余个科技项目，开发了3个"国家级新产品"，7项科技成果填补了国内空白。由于在科技创新方面始终走在同行业前列，社区企业持续良性发展，为社区集体经济发展和居民生活保障打下了坚实基础。

（三）实施党建区域共建工程

推动街道社区党建与商务楼宇、各类园区等新兴领域党建融合；推动行业系统融入属地中心任务和区域化党建工作。深化社区与驻辖区单位共驻共建，建立党建联席会议制度，实现区域内党组织的互联互动，贯彻以人民为中心的理念，精准制定"资源、需求、项目"三张清单，形成党建联抓、服务联办、资源共享的共驻共建格局。建立社区与企业双向协商制度，定期研究解决矛盾纠纷，坚持企业需求社区第一优先、社区居民就业企业第一优先，实现企业发展与社区建设同频共振。

（四）构建四级体系协调配合

市、区、街道、社区分别建立城市基层党建联席会议制度，明确成员单位职责，构建上下协调配合，定期沟通情况，研究解决问题的组织联动体系。实行党建网格与综治网格一体化运行，把社区划分成9个网格，把党支部建在网格上，成立由社区民警、社区党员和社区联防队员共同组成的网格联防队，共同维护社区和谐稳定。

构建市委履行主体责任、区委履行第一责任、街道党工委履行直接责任、社区党组织履行具体责任的责任联动体系。

构建基层党建述职评议考核、季度通报、基层党建动态管理、督促检查、跟踪问责问效等制度联动体系。

党建引领大营街发展取得了翻天覆地的变化，其间党总支深刻地感受到尤其要处理好个人富与共同富的关系。个人有致富本领的，集体大力支持；没有致富能力的，由党总支统筹安排，帮助寻找致富门路。为带领群众走出一条致富的路子，大营街社区广招人才，充实到集体企业领导班子，同时建立健全各种人才档案。人才队伍的发展壮大增强了企业的技术力量，提高了劳动生产率，推动了企业的发展。

四、润物无声的精神力量

（一）弘扬社会主义核心价值观

大营街社区班子坚持以习近平新时代中国特色社会主义思想和党的十九大精神、二十大精神为指引，围绕社会主义核心价值观要求，凝心聚力推动社区精神文明建设。结合美丽玉溪服务先锋工程和三个环境整治工作，让党员干部深入一线服务群众，树立正确的人生观、世界观、价值观和权利观、地位观、利益观。多次举办"十星级文明户"知识讲座、开设"道德讲堂"，提高群众的文明意识，通过先进典型宣讲来践行社会主义核心价值观。组建4支文艺宣传队，有文化骨干160人，通过群众喜闻乐见的方式，大力倡导新型农村新风尚。

（二）积极开展思想宣传工作

在抓好党建的同时，大营街社区班子积极开展群众的思想政治工作，采取各种形式对群众进行社会主义思想教育。党委利用智慧广播、宣传栏和专题教育等形式，对群众进行爱党、爱社会主义、爱集体的教育。社区于1995年成立的大营街电视站，制作播出了一系列以宣传党的方针政策、培植精神家园为主题的电视节目。远程教育平台建成以来，社区党总支每周四晚通过电视台将远程教育平台的培训资源送到居民家中，打造"农村党员身边的课堂"，达到了培训阵地进村入户、培训内容符合实际、培训效果入脑入心的效果，实现了农村党员教育培训常态化、制度化、集成化的目标。社区党总支重视做人的思想工作，关心人、理解人、尊重人、造就人，善于唤起职工的主人翁意识。

（三）丰富精神文化生活

大营街在经济快速发展的同时，利用各种组织开展社会主义风尚、道德和普法教育。在党总支的领导下，利用居民委员会、妇女联合会、计划生育协会、老年人协会等群众组织，进行尊老爱幼、移风易俗、破除封建迷信、法律法规等教育，组织各种健康向上的文体活动，丰富了群众的精神文化生活，使婚丧嫁娶大操大办、封建迷信活动、赌博等陈规陋习失去了市场，社会主义新风尚得到发扬。同时妥善安排老年人生活，帮助没有致富能力的人解决生活出路。

（四）抓好"三种文化"

一是传承红色文化。在大营街居民小区打造以"饮水思源"为主题的党建文化园，集中展示中共党史、大营街发展历程、改革开放成果和社区居民幸福生活，把红色文化教育融入居民日常生活，引导社区居民知党情、感党恩、跟党走。

二是弘扬传统文化。坚持文化引领，举办米线文化节、"花灯之乡"经典戏曲传唱、汇龙欢歌文艺巡演等活动，打造楹联文化园，建成陈氏浮雕文化馆，展示传统浮雕技艺，涵养居民群众精神文化生活。"玉溪花灯"是玉溪的主要地

向往之地

文化园（周永继 摄）

方剧种，是明代江南军民移居玉溪后逐渐形成的一种主要的地方剧种，当时以演唱江南小曲为主，明景泰刻本《云南图经志书》中记载，新兴州（今玉溪市红塔区）"其俗好讴，州中夷汉杂处，其少年美声气，喜讴歌，清朝良夜，放意自适，处处相闻。或以娱饮，或以劝耕，妇人女子为之，而面无愧色，盖俗之流也"。后来由一批花灯艺人对老灯彻底改造，推陈出新，玉溪花灯以新灯驰名全滇，流行于市内红塔区和澄江、华宁、易门、通海等市县，以红塔区最盛。如今玉溪的中老年人中还有不少花灯迷。玉溪花灯于2006年入选第一批国家级非物质文化遗产名录。大营街社区有1名省级花灯音乐代表性传承人（大营街社区7组李桂英）、8支文艺队、89名文艺爱好者，常年活跃在红塔区境内。[①]

米线文化节是云南玉溪地区的特色节日，于每年农历正月初一到二月十五举行。米线节源于玉溪人对本地专管一方水利的土主神的崇拜，每年的米线节，

---

① 资料来源：玉溪市红塔区大营街社区。

各自然村按约定的日程，轮流迎祀土主，以祈求在新的一年里人寿年丰、风调雨顺、国昌民乐。2011年3月5日，"中国（云南）玉溪米线文化节"被世界纪录协会认定为"世界上历时最长的节日"。2023年1月22日，历经3年停办之后，大营街社区又迎来了米线节的举办。在幸福小镇，吃一碗最具特色的鳝鱼米线、牛肉米线，或是可口的杂酱米线、焖肉米线、凉米线，体验玉溪浓浓的传统文化。米线节上除了品尝美味的米线，最打动人的还有在"吃"中流露出来的亲情，传承着尊老爱幼和互相学习的文化精神。

三是培育旅游文化。围绕建设云南科级文化创新高地、滇中生态文明艺术社区目标，培育发展文创科技、文化会展、书画艺术、古玩收藏等融为一体的精品旅游文化项目，助推幸福小镇发展。开办艺术节，挖掘节庆旅游潜力。2023年9月23日至10月6日，2023中国农民丰收节·云南大营街米线美食品鉴推介活动在大营街成功举办。丰收集市的各色美食、土特产品、书法、摄影、剪纸展，电音音乐会、啤酒狂欢会、篝火晚会、文艺晚会等丰富多彩的活动，吸引40余万人次到大营街品鉴美食，共庆丰收。

丰收节开幕式（梁国翔 摄）

向往之地

电音晚会演出现场（周永继 摄）

丰收节活动与玉溪传统米线文化相结合，汇龙生态园内载歌载舞，"丰收杯"村BA激战正酣，各种米线收获点赞，玉溪特产持续热销……闻名遐迩的大营街烤鸭有着悠久的历史，其以青松毛晒干扭成的草团为燃料烧熟，皮脆，肉嫩多汁，不少外地游客慕名而来。和北京烤鸭不同，在保证其香酥味美的同时，大营街烤鸭还融入了淡淡的松毛清香。"红泥炉内包燔熟，大嚼何辞饮巨觥。"清代诗人杨竹溪的一首《棋阳竹枝词》把大营街烤鸭的烤制及味道描绘得生动形象。

五、携手走上共同富裕的大道

（一）坚守底线，发展成果共享

大营街经济发展起来了，社区党委加大改革开放成果共享力度，将产生的效益分配给居民，使居民共享集体经济成果。社区建立健全居民福利分配机制，贯穿了居民从出生到死亡的全过程，14项福利每年支出费用高达4600余万元。建立农民退休制度、学龄人员教育补助、高龄人员长寿激励、居民医疗保险和意外伤害险全覆盖等惠民措施，实现"小有所教、壮有所为、老有所养、困有所帮、残有所管"。社区实行年终分红制度，54岁退休制度，全学段教育补助，高龄人员长寿激励，居民医疗保险和意外伤害险全覆盖，民主参与、民主管理，发展成果共享制度化。

小有所教。大营街1990年投资110万元，新建了功能齐全的中心幼儿园，对社

大营街幼儿园（来源：玉溪市红塔区大营街社区）

向往之地

区儿童入园实行全免费，幼儿园里有崭新的楼房、各式各样的玩具、钢琴、舒适的寝室、干净的厨房。在初中至大学就读的学生每人每年有500元至1000元的补助。2016年至今，社区为学校协调资金300多万元以改善办学条件。

老有所养。大营街社区年满54岁的老人每月可领取363元至990元的退休金，80岁以上老人、党员每个月另外享受120~400元补助。年满94岁、100岁的老年人分别一次性奖励5万元、10万元，长寿奖金自1998年设立，至今已持续发放20多年。

10万元长寿奖（颜伟 摄）

全民分红。从1岁起每人每年以500元递增，12岁以上每人每年分配6000元；小区物管和停车免费；社区参军入伍人员每年按社区居民人均纯收入的80%享受分配。让居民享受到了集体经济发展的红利，增强了社区居民的幸福感和收获感。

（二）安居乐业，迈向中国式现代化

大营街社区第一次民居改造始于 1985 年，之前，土坯房、茅草屋还是大营街的"标配"，住房难是"五难"之一。农民富裕后，争相盖新房，纷纷申请宅基地。人多田少既要饱肚子又要住房子，怎么办？为了兼顾吃饭和住房问题，当时大营街办事处作出了拆旧城建新城的方案，共投资 5000 余万元。1984 年 8 月，在省地市有关部门的支持下，编制了《大营街集镇建设总体规划》，进行第一次民居改造。1985 年初经玉溪市政府批准实施，并落实"五统一"政策，即统一规划、统一标准、统一施工、统一分配、统一管理。建房资金由集体和社员共同负担。方案公布，消息飞进家家户户，一时成为议论的热门话题。推土机开进来了，机声隆隆，揭开了大营街集镇建设的序幕。统一规划建设的三层砖混结构的新民居，人均居住面积由不足 8 平方米增加到 50 平方米，居住条件得到了极大改善。同时兴建了配套设施。投资 110 万元，建成日产 3000 吨的自来水厂。投资 53 万元，建起占地 3350 平方米的农贸市场、新修水泥路面的街道 2.7 万平方米、安装路灯 85 盏、新盖灭害公厕 8 个、栽种街道绿化树 9.7 万株。投资 211 万元，新建中心小学、幼儿园及老年人活动中心。

20 世纪 80 年代的居住区（来源：玉溪市红塔区大营街社区）

向往之地

第一次民房改造后的新居（来源：玉溪市红塔区大营街社区）

随着时代的发展和人口数量的增长，群众对住房安全性和舒适性的要求日益提高，社区党总支在广泛听取群众意见后，按照"产业兴旺、生态宜居、乡风文明、治理有效、生活富裕"的总要求，开始启动第二次民居改造工程。

社区民居改造工程坚持"五统一"原则，即统一规划设计、统一拆除、统一建设、统一认房、统一管理。特色民居全部按照八度设防的标准设计，突出乡土气息和民族元素，单体建筑风格为斜顶灰瓦、粉墙彩画、古典窗型，兼具中式风格和滇中传统民居特色，并合理设计功能、景观和空间，为居民构建一个宁静、自然、生态、宜居的理想家园。2010年开始规划工程，2012年4月启动，2017年

第六章　共同富裕的振兴密码

1月竣工，新建1482套框架结构双拼滇中特色民居、116套高层单元居民住宅及相关公共配套设施设备。小区实行统一管理，不用缴纳物业费，卫生和绿化都有专人负责。高层单元居民住宅112套，人均居住面积由50平方米增加到80平方米，极大地改善了居民的居住环境。建成2个国家4A级旅游景区和2个公园，配套村级卫生所、幼儿园和社区电视台，组建了专业绿化环卫队、文艺队和物管公司，整套社会治理方式已与城市无异。大营街社区居民的生活成了城里人的美好向往。

第一次居民住宅区（颜伟　摄）

向往之地

  为让社区居民住得更舒心、更放心，大营街社区还把辖区内的摄像头、车辆道闸系统、人脸识别门禁系统等物联通信设备纳入了幸福社区智慧治理平台，物业管理、安防、通信等系统高度集成，打造现代"智慧社区"，精准管理、高效服务。下一步，将通过大营街社区集体企业云南汇溪睿农科技发展有限公司，整合大营街社区所有停车数据资源，计划在大营街社区安装864个前端设备统一接入玉溪智慧停车平台，进行统一管理，统一计费。实现路内外停车场统一运营管理，提升出行效率与行业服务质量。

第二次民房改造后的民居（潘泉 摄）

人民对美好生活的向往不断发展，大营街社区也不断努力前行。2023年大营街社区在映月潭公园建设篮球馆、羽毛球馆。计划在原有设施基础上增加一块足球场，建设两块室外羽毛球场，并配合场地功能增加休息室、水吧、儿童乐设施等。增设健康步道和景观亭、花池座等设施，为居民提供更舒适的休闲空间及设施。篮球馆已经于2023年9月下旬竣工，并成功举办了玉溪市首届"丰收杯"村BA及大营街街道农民趣味运动会。其他项目正在建设中，通过项目建设实施，大营街社区的村容村貌得到进一步改善，基础设施进一步完善，公共服务体系进一步健全。大营街社区建立完善健身娱乐的体育活动场所，有利于丰富居民的精神文化生活，促进社区经济发展。

推进共同富裕，要贯彻落实习近平总书记关于共同富裕的讲话精神，坚持以人民为中心，在质、量统一中向着全体人民共同富裕目标迈进，既做大蛋糕，又做好蛋糕。如今，走进一栋栋白墙灰瓦滇中民居风格的大营街社区，处处绿树成荫、花团锦簇。小巧精致的长廊庭院点缀其间，院落间花草相隔，流水潺潺。整体环境宁静优美，一派安居乐业、幸福和美的宜人图景。一个不断自我更新的大营街，正在推陈出新，繁荣发展，昂首走在中国式现代化的大道上。

后 记

云南——一个诠释着最完美的诗和远方的地方，云南——一个来了就不想走的地方！

这里曾繁衍着贫穷与落后，也承载着令人窒息的美丽与激情。历史和自然的丰厚馈赠，造就了她的山之雄峻、川之激荡、湖之潋滟。这里物产丰富，人文荟萃，英才辈出。历史悠久、璀璨夺目的古滇文化，更是闪耀着史诗般的灿烂光芒，成为华夏文明的重要组成部分，为这片古老的土地增光添彩。从卡瓦格博峰到红河南溪河一水两色之处，从江河上游到干热河谷，在39.4万平方公里的土地上，既可以看到绵绵雪山浮云端、滚滚江河穿群山的雄奇景色，也可以欣赏稻浪滚滚、果蔬飘香的田园风光，亦可以体验风吹草低、牛羊遍野的草原牧歌，还可以体验湖水荡漾、星罗棋布的湖泊温泉，更可领略千年茶马古道的沧桑幽远……

天地有大美而不言。云南正是这样一个天人合一的美妙之地。这里地域辽阔，资源富集，享有"动物王国""植物王国""有色金属王国""水电王国""立体气候王国""生物资源基因库""花卉之乡""药材之乡"等美誉。这里山川壮美，生态优美，是东南亚国家和我国西南大部分省区的一道重要生态屏障。云南自然景观、地形地貌、民族文化、人文风情等具有原生态、多样性和不可替代的特点，到处呈现着一派雄浑磅礴的壮丽之美。这里历史悠久，文化多元，是"丝绸之路"的要地，多民族、多文化、多宗教在这片神奇土地上交流、激

后　记

荡、融合，展现了一幅云南文明进步的绚丽画卷。

党的十八大以来，习近平总书记先后两次到云南考察，均发表了重要讲话、作出系列重要指示批示，为中国式现代化的云南实践擘画了蓝图、明确了目标，指明了路径，注入了动力。党的十八大以来，云南省委、省政府始终牢记习近平总书记殷殷嘱托，团结带领全省各族干部群众凝心聚力、共同奋斗，决胜脱贫攻坚和全面建成小康社会、高质量跨越式发展迈出新步伐、民族团结进步示范区迈上新台阶、生态文明建设排头兵展现新面貌、面向南亚东南亚辐射中心开创新局面……一个又一个现代化的云南故事在云岭大地传播着、回响着。

本书精心挑选了6个反映云南现代化实践的精彩故事汇编成册，全书在中共云南省委党校（云南行政学院）常务副校（院）长杨季指导下进行，具体编写工作由副校（院）长黄颖主持，由经济学教研部陈辞教授负责统稿。其中，前言和后记由陈辞撰写，第一章由霍强、付文敏撰写，第二章由朱睿倩撰写，第三章由赵晓彪撰写，第四章由杜琼撰写，第五章由李松撰写，第六章由梁萍撰写。

感谢中共云南省委党校（云南行政学院）的高度重视，感谢科研处的大力支持，感谢国家行政学院出版社各位老师的辛苦付出！

编者

2024年7月